LES ENFANTS DE LA PROSTITUTION
de Michel Dorais et Denis Ménard
est le deux cent vingt-huitième ouvrage
publié chez
VLB ÉDITEUR
et le premier de la collection
«Changements».

Comme individus et collectivités, nous sommes en changement continu. Comprendre ces transformations personnelles et culturelles, en éclairer les enjeux, et surtout orienter le changement plutôt que de le subir, voilà des défis sans cesse à relever. À l'heure où conditions féminine et masculine sont en évolution, où les mouvements sociaux montrent que le privé est politique et le politique quotidien, où les sciences humaines remettent en question les notions d'objectivité et de vérité, de nouveaux questionnements émergent. Les livres de la collection «Changements» leur font écho.

LES ENFANTS DE LA PROSTITUTION

CHANGEMENTS

Michel Dorais
avec une collaboration
de Denis Ménard

LES ENFANTS DE LA PROSTITUTION

vlb éditeur

VLB ÉDITEUR
4665, rue Berri
Montréal, Québec
H2J 2R6
Tél.: (514) 524.2019

Maquette de la couverture:
Mario Leclerc

Photocomposition:
Atelier LHR

Distribution en librairies et dans les tabagies:
AGENCE DE DISTRIBUTION POPULAIRE
955, rue Amherst
Montréal, Québec
H2L 3K4
Tél. à Montréal: 523.1182
        de l'extérieur: 1.800.361.4806

Données de catalogage avant publication (Canada)

Dorais, Michel, 1954-
    Les enfants de la prostitution
    (Collection Changements)
ISBN 2-89005-270-2

        1. Prostitution juvénile — Québec (Province.
I. Titre. II. Collection.

HQ149.Q8D67 1987   306.7'45'09714   C87-096336-8

©VLB ÉDITEUR & Michel Dorais et Denis Ménard, 1987
Dépôt légal — 3e trimestre 1987
Bibliothèque nationale du Québec
ISBN 2-89005-270-2

Introduction

Je remercie le Centre de services sociaux du Mont-réal métropolitain pour son encouragement à la diffusion de ce livre.

Mon collaborateur et moi dédions cet ouvrage à tous ces jeunes qui se sont confiés à nous au cours des dernières années. Nous leur devons notre connaissance du phénomène de la prostitution.

L'AUTEUR

Nous les croisons quotidiennement, mais la plupart d'entre nous ne les voient pas. Ils traînent dans les parcs, les centres commerciaux, les arcades, les stations de métro, les gares d'autobus et les grandes artères des centres-villes, bref dans tous les lieux publics où la foule anonyme leur apporte des clients. Leur regard cherche seulement un signe complice. Pour quelques dizaines de dollars, ils sont prêts à suivre quiconque et à faire tout ce qu'on leur demande. Dans un lit, une automobile, un buisson, ou au fond d'une ruelle, ils s'affairent en silence à satisfaire l'adulte qui les paie. Sexe sur commande. Combien sont-ils? Nous ne le saurons jamais précisément. Ils vont, ils viennent; de nouveaux visages remplacent vite les anciens. Ils n'ont pas d'identité, sinon des faux prénoms, des fausses histoires, des faux sentiments. Seules leur solitude et leur terrible lucidité sont vraies. Ce sont les enfants de la prostitution.

La moitié des chapitres de cet ouvrage sont inédits. Les autres sont composés d'articles ou de conférences qui n'étaient plus disponibles. Leur contenu a alors été mis à jour et sensiblement augmenté.

Faire le point sur la prostitution des enfants et des jeunes est l'objectif premier de ce livre. Que nous révèle le phénomène de la prostitution juvénile? Que nous apprennent ces jeunes? Pourquoi la prostitution? Qui en sont les clients? Comment fonctionnent les réseaux d'abus et de prostitution? Que pouvons-nous y faire? Ce ne sont là que quelques-unes des questions auxquelles répondent les chapitres qui suivent.

Réalité traditionnellement méconnue, clandestine et taboue, la prostitution des jeunes interpelle aujourd'hui notre conscience. Pour peu que nous sachions observer, écouter, questionner et accueillir, nous avons encore beaucoup à apprendre des expériences, souvent bouleversantes, de ces jeunes. En nous parlant de leurs misères, ils nous renvoient aux nôtres. La question à se poser n'est pas seulement de savoir à quel point ils sont affectés par la prostitution mais pourquoi autant d'enfants et d'adolescents se retrouvent dans ses filets. Plus encore: pourquoi tant d'adultes ont-ils recours à ces jeunes? Car sans la demande des adultes, la prostitution juvénile n'existerait pas.

Contrairement à ce qu'on a longtemps pensé, la prostitution chez les jeunes ne traduit aucunement leurs soi-disant perversités, psychopathologies ou délinquances. Elle est tout simplement une des solutions que ces enfants, adolescents ou adolescentes ont trouvée pour affronter les problèmes que leur ont légués les adultes: problèmes affectifs, familiaux, matériels, etc. À nous, individuellement et collectivement, de leur proposer maintenant d'autres solutions, ce à quoi veut contribuer cet ouvrage.

Deux récits de vie

Linda*

J'ai débuté, je pense que j'avais onze ans. J'ai débuté pour me défouler. J'apportais une attirance aux hommes, je sentais qu'il y avait un désir face à moi, puis pour une fille de onze ans c'est un gros *thrill*. C'est comme si on se sentait plus vieille, on n'appartient plus au monde des bouts de choux.

Depuis l'âge de onze mois, j'ai vécu en foyer nourricier. Je suis toujours restée là. C'était un milieu très difficile. Il n'y avait pas de tendresse, rien d'exprimé du côté affectif. C'était un milieu très dur. Je voulais fuir l'autorité familiale. C'était une question d'indépendance, une question monétaire, une plus grande facilité de mouvement. C'était pour me défouler et jouer aux grandes personnes, aux grandes dames.

* Cette histoire de vie a été recueillie sur vidéo par les productions audiovisuelles du services des communications du CSSMM. Une partie de ce témoignage se retrouve dans le vidéo *Comme des parcomètres*, réalisé au CSSMM comme document de sensibilisation à la prostitution des adolescents et adolescentes.

J'ai commencé avec un gars de quatorze ans qui piquait de l'argent à sa mère et qui *thrillait* énormément sur moi. C'était nouveau que de faire l'amour. Puis de recevoir de l'argent en plus, ça me donnait un gros stimulant. Ça me permettait d'acheter des choses que je ne pouvais pas avoir auparavant, ça me donnait une liberté.

Au début, quand j'avais des relations comme ça, je n'avais pas de pénétration. J'allais pas dans une relation complète parce que j'avais peur. Je sentais que j'étais trop jeune pour avoir une relation complète. Je me limitais à la sodomie ou à la masturbation buccale ou manuelle. À ce moment-là, c'était un *fun* pour moi. Je me foutais de tout. C'était de la désinvolture. Je me permettais un bon défoulement parce que je ne me faisais pas comprendre dans mon milieu familial. Je me permettais de défouler beaucoup d'agressivité.

Jusqu'à l'âge de quatorze ans, c'est resté occasionnel. C'était seulement quand ça me tentait et non par grande nécessité. Mes clients étaient des hommes de tous les milieux, de toutes les classes, de vingt-cinq ans en montant, jusqu'à soixante-quinze ans. Ils étaient mariés et avaient des enfants.

Vers quatorze ans, j'ai commencé à me sentir mal, à ressentir l'image, l'étiquette d'une prostituée. J'ai commencé à avoir des clients réguliers. Moi là-dedans, je me sentais bien basse. On ne se sent pas bien, on sent qu'on dévie de ses valeurs, de sa moralité, du respect de soi-même. Je me sentais bien croche, bien frustrée, encore plus agressive. J'avais bien envie de laisser tomber le milieu, mais j'en avais besoin, D'une certaine façon, c'est comme une drogue.

Des fois, j'arrivais chez moi avec des quantités de sucettes dans le cou. Ça laissait bien paraître qu'il se passait quelque chose! Ma mère, elle trouvait ça dégueulasse. Elle a toujours été une personne qui brimait l'amour: la sexualité, pour elle, c'était toujours un vice, c'était pas permis ces choses-là. Alors voir sa fille faire de la prostitution! Moi, je m'en foutais. Je me sentais seulement un peu mal parce que je me disais: «On doit me prendre pour une belle toute croche.» Mais dans le fin fond, j'essayais d'oublier ça et je continuais...

J'ai bientôt commencé à prendre de la drogue. C'est une des choses qu'entraîne la prostitution. Un moment, j'ai bien *tripé* sur le chimique. J'avais des visions: le plancher montait et descendait, je voyais pas mal de choses avec ça. Le hash, le pot, ça me mettait bien *down*. J'ai arrêté de consommer ça fait six mois. Un docteur m'a dit que si je continuais, il ne me donnait pas deux ans à vivre. Quand tu as dix-huit ans et qu'on te dit ça, ça fait réfléchir, même si j'ai pas arrêté sur le coup.

Comment je me sentais dans la prostitution? Par moment j'avais beaucoup de mépris pour les hommes. J'avais l'impression que c'était eux-autres qui m'avaient poussée à devenir ce que j'étais, à force de toujours me harceler pour du sexe. Je ne sentais pas d'amour, pas de tendresse. Ce qu'ils voulaient, c'était une relation sexuelle, point. Pour moi, c'était limité et ça allait impliquer un paquet de réactions en dedans de moi-même. Je me sentais dégueulasse, je me sentais

sale. J'avais l'impression d'avoir toujours cette étiquette de prostituée. Puis je sentais que j'étais *maga-
née* côté moral, côté émotionnel, côté social.

Heureusement, j'ai toujours refusé d'avoir un
pimp. Je me disais: «J'ai bien assez de le faire moi-
même, je ne me mettrai pas un boss dans le cul pour
avoir de la merde, pour me lever à six heures du matin
afin de repartir sur la rue Sainte-Catherine, qu'il
pleuve, qu'il fasse froid, que j'aie mal à la tête ou des
problèmes.» Les pimps se fichent de toi. De toute
façon, ils prennent les trois quarts de ce que tu gagnes.
Ça fait vieillir un corps énormément. Je les trouvais
trop dégueulasses, ça me révoltait.

Une autre chose qui m'a énormément saisie c'est
de rencontrer des hommes agressifs. Ces hommes-là,
je les mettais de côté. Je leur disais: «Non ça ne m'inté-
resse pas, t'es bien trop brutal! Qu'est-ce que c'est que
ça?» Pourtant, j'avais pas peur parce que j'étais très
agressive: je me fichais de manger des coups. D'une
certaine façon, j'ai été bien chanceuse parce qu'il y a
énormément de prostituées qui se font agresser.

À la fin, ça n'avait plus aucun sens, je n'avais plus
aucun respect, aucune estime de moi-même. Je me suis
dit que c'était assez, qu'il fallait que je me respecte
pour devenir une adulte. O.K., tu te fais vite de l'argent là-dedans, mais ce christie d'argent-là passe dans
la dope les trois quarts du temps. Un moment donné,
t'es plus capable de regarder tes clients. Il y en a un qui
a de l'acné, des boutons, l'autre qui est laid comme un
pou. Tu n'as pas envie de voir ça. Quand t'es *stone*, ça
passe mieux. Le gars, tu ne le vois pas: tu fais ton

affaire puis tu t'en vas.

Aujourd'hui je vois les hommes bien mal. Je les méprise autant qu'avant. Je ne m'imagine pas en amour. Absolument pas. De toute façon, ça va me prendre quelques années avant de me soigner, si je puis dire, de tasser tout ça. L'affection, j'ai longtemps été la chercher dans la drogue. Pour l'instant, je ne la cherche même pas. Ça me fait peur, je ne suis pas capable. J'accepte pas l'amour. De personne. C'est comme si tu prends un chien battu: essaie pas de le flatter, il va te mordre, il va se sauver! Quelqu'un qui me met la main sur l'épaule, c'est comme s'il me brûlait l'épaule. Je suis portée à me mettre des barrières: touchez-moi pas! Vous m'avez fait assez de mal; c'est fini.

Quand tu es enfant ou adolescente, tu ne penses pas à ces conséquences. Si j'avais eu une bonne famille, j'aurais jamais fait ça, parce que je sentais durant toutes ces années que j'étais dans l'erreur, que ça ne me plaisait pas. C'est pour cela que je me sentais si mal. Le monde devine pas à quel point ça peut être dégueulasse. On a l'impression d'être des chiennes dans une cage. C'est pas mêlant, c'est comme du marchandage de bétail. Toujours. Ça devient une obsession. C'est peut-être pas beaucoup, mais quand tu passes sept hommes au moins par jour et que c'est tout le temps comme ça, quand ça fait dix fois que tu baises dans la journée, ça t'écœure.

Même quand je fais du pouce parce que j'ai pas d'argent dans les poches, tout de suite quand j'embarque dans l'auto le gars me met la main sur la cuisse.

«Tu me respectes, mon gars? As-tu une valeur pour la femme? C'est quoi pour toi? Un trou? Un muscle? Une touffe? Des seins? C'est quoi ces manières-là?» Moi aussi je peux avoir envie d'un homme sexuellement mais, simonac, y'a pas juste ça. Les gens sont bornés, limités sur ça. C'est ça qui m'énerve. Aujourd'hui il y a du sexe partout, c'est une grosse machine, un gros système. Le monde fait de l'argent là-dedans, ça n'a pas d'allure: les danseuses, les films pornos, y a de tout. Moi ça m'écœure, je ne suis plus capable. Où est la tendresse là-dedans? Je me dis que c'est pas de la tendresse que de pogner un pénis quand t'es pas en amour. Est-ce que je suis trop romantique, vieux jeu? Je voudrais un bonhomme qui pendant des mois ne me touche pas. Mais après, je pourrais me donner à lui tellement qu'il ne pourrait pas trouver de femme comme moi sur la terre. J'ai besoin de me donner, j'ai besoin d'aimer. Mais il n'y a pas un homme qui comprend ça, vu la manière qu'ils ont été éduqués.

À un moment donné, j'ai réalisé les problèmes que j'avais et je sentais que je n'avais pas de ressources autour de moi. Ma famille d'accueil ne pouvait pas m'aider. Alors j'ai fui de chez moi. J'ai fugué à l'âge de quinze ans et je me suis retrouvée au poste de police deux semaines plus tard. On m'a demandé si je voulais retourner dans ma famille. J'ai dit que ça ne m'intéressait pas. Alors je me suis retrouvée dans un centre d'accueil sécuritaire. J'ai d'abord fait trois mois là-bas. J'ai fait bien des folies et j'ai vu que le système c'était là encore une maudite bébelle. Les centres d'accueil, il y en a de la violence là-dedans! J'arrivais pas à

croire que des filles de treize ans avaient vécu des vies
aussi difficiles... Alors je l'ai craché, le système! De la
merde j'en ai reçu et j'en ai donné. Mais ça donne
quoi? Les filles qui sortent de là, j'en ai rencontré;
elles sont enceintes, danseuses topless, putains, sur la
drogue, pas de job, elles s'accrochent à n'importe quel
gars. Moi, quand je suis sortie de là, j'étais parano...
Mettre des filles dans le trou pendant un mois, comme
on m'a fait, c'est humain ça? J'avais seize ans et je
voulais mourir! Ils nous disent d'être responsables,
mais t'as pas le droit d'aller aux toilettes sans demander la permission. Si t'as de quoi à dire, ils ne te laissent pas parler. Les éduc ne veulent pas nous écouter,
c'est juste leurs idées qui sont bonnes. On dirait qu'ils
ont tous lu le même livre... Ils ne sont pas humains, ils
ont tous une couverture. Comme les prisons, ces
endroits sont des institutions de vice; t'en sors pire
qu'avant.

   J'aurais voulu avoir du monde humain, capable
de s'ouvrir, d'apporter un échange dans la relation.
Mais là-bas, on veut pas que tu réfléchisses. Tu penses
plus, tu deviens une automate. Y'a de quoi devenir
fou. Personne est bien éduqué en sortant de là. T'as
juste envie de tout casser. Y'a pas une fille qui sort de
là heureuse.

   Actuellement, je suis aidée par une criminologue.
Pour la première fois, je suis tombée sur quelqu'un qui
a un sens, quelqu'un qui est capable de donner de son
intimité et de prendre mon intimité, quelqu'un qui
arrive à comprendre, qui prend le temps, qui est
humain, qui n'a pas de rôle, qui n'est pas monté sur un

piédestal, qui ne met pas de distance en voulant dire:
«Toi tu n'es qu'une petite dévergondée...» Ces his-
toires-là, il n'y en a pas avec elle; il n'y a qu'un
échange, bien enrichissant.

   Quand je fais mon bilan, tout ce que je vois, c'est
pas mêlant, c'est un tas de merde. Je ne voudrais pas
revivre tout ça deux fois, ça m'a rendue comme un
monument. J'ai l'impression d'être un monument sans
émotion. Je me sens toujours obligée d'être dure, exi-
geante, de toujours critiquer. J'essaie aussi de perfor-
mer plus que les autres, de me donner un style. C'est
pas plaisant. Des fois, j'ai le goût d'aller me cacher
dans un coin et de me mettre les deux mains sur la tête,
juste pour avoir la paix. Mais je ne peux pas faire ça;
on va me mettre dans un asile psychiatrique. J'ai pas
fini de me débarrasser de mes bibites.

   Mes projets? Pour l'instant, j'essaie de me réhabi-
liter, de retrouver un équilibre. Ça fait six mois que
j'ai arrêté la drogue, puis la prostitution et la drogue
ça ne fait qu'un. J'aimerais faire un métier qui me
plairait, quelque chose qui me donne de l'amour, quelque chose qui me dise que je n'ai pas perdu ma foi en
l'humanité, que c'est pas juste des christis de sales, des
saloperies, des cochonneries, qu'il y a encore de la
beauté dans la vie.

Stéphane*

Mon histoire en est une parmi tant d'autres. Je ne suis ni meilleur ni pire que tous ces autres garçons et filles qui ont connu le milieu de la prostitution. Maintenant que j'ai cessé de me prostituer depuis trois ans, j'ai assez de recul pour parler de ce passé qui se déroule aujourd'hui devant mes yeux comme si c'était un film.

J'ai débuté dans ce métier à 14 ans. Cette période de ma vie allait durer quatre ans. Il faut dire que les abus sexuels et physiques n'étaient pas nouveaux pour moi. Toute mon enfance a été marquée par des abus. Très tôt, la révolte a grondé en moi. La prostitution n'est peut-être que l'aboutissement d'un tas d'expériences.

Je suis né en 1966. Ma venue n'était pas planifiée, ni même désirée. Ma mère était ce qu'on appelait à

_____

* Ce récit a été écrit en partie par Stéphane Fontaine, aujourd'hui jeune adulte, et complété lors d'interviews avec lui.

l'époque une fille-mère. Je passais donc les premiers
mois de mon existence à la crèche d'Youville, jusqu'à
ce que ma mère, ayant retracé mon père, revienne m'y
chercher. Ils décidèrent alors de vivre ensemble et de
me garder avec eux. Je n'ai pas de souvenirs de mes
premières années de vie, mais vers l'âge de cinq ans des
événements allaient me marquer profondément. Un
jour que je jouais dans un champ près de chez moi,
deux jeunes adultes, qui étaient des voisins, m'ont
abordé. Ils m'ont déshabillé et m'ont obligé à prendre
leurs pénis dans ma bouche en me disant que c'était un
jeu. Ils m'avertirent cependant de ne pas crier et de ne
pas le dire à mes parents. Sur l'entrefaite, l'arrivée de
mon grand-père, qui me cherchait, mit fin à l'incident.
J'eus quand même le temps de me rhabiller avant qu'il
ne me voie; il ne sut jamais ce qui s'était passé. Confu-
sément je ressentais que quelque chose de pas correct
venait de se passer. Aussi, j'essayais vite d'oublier tout
ça. Ce souvenir ne m'est d'ailleurs revenu que beaucoup plus tard.

   L'autre souvenir datant de cette époque concerne
ma relation avec mon père. Après le décès de mon
grand-père (je devais alors avoir 6 ans), mon père commença à nous battre ma mère et moi. Comme je venais
de commencer l'école, je lui demandais parfois de
l'aide dans mes leçons, mais il voyait surtout que je le
dérangeais et devenait alors violent. Il s'emportait
facilement aussi contre ma mère et dans toutes les
occasions où, selon lui, je ne me comportais pas
comme il le voulait. Je me souviens en particulier d'un
souper où il me frappa au visage parce que j'avais

échappé un petit pois à côté de mon assiette. Une autre fois ce fut un coup de poing sur le nez parce que je ne comprenais pas mes devoirs de français et que je l'avais dérangé en lui demandant des explications. Je me rappelle avoir beaucoup saigné. Mon père, réalisant ce qu'il venait de faire, s'était cette fois-là excusé.

Comme mes parents travaillaient tous les deux, mon père le jour et ma mère le soir, je devais me débrouiller par moi-même. L'entente dans le couple n'était pas très bonne et, plus souvent qu'autrement, je vivais dans un climat de chicane. Les disputes se succédaient. Lorsque j'eus neuf ans, mes parents décidèrent de divorcer. J'ai alors vécu quelques mois avec mon père avant de retourner définitivement avec ma mère qui, entre-temps, s'était fait un nouvel ami. Je ne devais plus voir mon père pendant dix ans, ce qui m'affecta beaucoup car, malgré ses sautes d'humeur, je crois que je l'aimais. Est-ce lui que je recherchai plus tard en mes clients? C'est possible. Peu de temps après, ma mère eut un second enfant, ma jeune sœur. Comme ce bébé l'accaparait beaucoup, je me sentais à nouveau laissé à moi-même. Durant les quatre années qui suivirent, j'allais travailler sur une ferme l'été. Je conserve un bon souvenir de cette expérience car là-bas je me sentais utile et responsable. C'est important pour un enfant de se sentir apprécié.

J'avais treize ans lorsque ma mère quitta son ami pour aller travailler quelque temps à l'extérieur, nous laissant avec lui, ma sœur et moi. Je m'entendais bien avec ce second père, mais nous ne nous parlions pas beaucoup. Chacun s'occupait de ses propres affaires.

Lorsque neuf mois plus tard ma mère revint de Québec, elle décida de se séparer à nouveau et de nous ramener avec elle. Comme elle tomba alors malade et qu'elle n'avait pas beaucoup d'argent, je me mis à chercher un emploi après l'école. Ce fut dans un dépanneur, où je livrais des commandes à bicyclette. Mes résultats scolaires s'en ressentaient cependant. Comme je fais un peu de dyslexie, j'ai toujours eu besoin de beaucoup de temps pour mes études, et ce temps commençait à me manquer. Ma relation avec ma mère se mit vers la même époque à se détériorer. Nous vivions dans un très petit appartement où je partageais ma chambre avec ma sœur et je n'arrivais pas à m'y concentrer pour faire mes devoirs. Surtout qu'en revenant de travailler, vers vingt-deux heures, j'étais passablement fatigué de ma journée. Un jour, la dispute avec ma mère fut encore plus grosse que d'habitude et je décidai d'aller habiter chez ma tante, qui habitait non loin de nous. Peu de temps après, je trouvais un nouvel emploi dans un restaurant. Une fois ma pension payée, il me restait cinquante-cinq dollars par semaine à dépenser. Je me suis donc mis à sortir plus que jamais.

À la piscine, où j'allais presque tous les soirs, j'avais rencontré un homme d'une quarantaine d'années qui étais très gentil et plein d'humour avec moi. Quelqu'un, enfin, prenait son temps pour moi. Il se mit à m'inviter chez lui. C'est là que j'ai commencé à boire et que j'ai fumé mon premier joint. Il me touchait affectueusement, mais n'allait pas plus loin; je n'eus des relations sexuelles avec lui que beaucoup plus tard.

Comme je devais à cette époque subir une opération chirurgicale, je suis retourné chez ma mère. Mais le climat se détériorait vite entre nous, entassés comme nous l'étions les uns sur les autres. C'est à ce moment-là que je me mis à aller faire des tours au centre-ville. Dans un centre commercial où j'allais quelquefois, je découvris que certains hommes m'abordaient pour me demander: «Sors-tu?» Au début, je ne réagissais pas. En fait, j'ignorais ce qu'ils voulaient dire. Un soir cependant, un de mes amis avec lequel je faisais parfois du patin à roulettes me dit qu'il devait partir plus tôt pour aller faire de l'argent? Comment? Il répondit à ma curiosité en me disant que si je voulais connaître son truc, je n'avais qu'à le suivre. Ce fut mon premier contact avec le parc Lafontaine. «Je fais des bonhommes, me dit mon ami, et c'est pas mal payant.» Ce que j'avais déjà vu au centre commercial me revint à l'esprit et je compris clairement ce qui s'y passait. Suivant l'exemple de mon ami et attiré par un gain d'argent facile, je fis ce soir-là mon premier client.

Après, les choses allèrent très vite. Faire des clients devint comme un nouveau métier. C'était payant et, comme je prenais suffisamment de drogue pour m'insensibiliser, ce que je faisais ne me dérangeait pas vraiment. J'abandonnai l'école. Graduellement, je me fis des contacts dans ce milieu. J'avais des clients réguliers. Quelques mois plus tard, l'un d'entre eux me demanda d'aller habiter avec lui. C'est à ce moment que j'ai décidé de quitter pour de bon le foyer familial. Cet homme me promettait la belle vie, mais en réalité je me sentis rapidement devenir son prisonnier. Bien sûr, j'avais arrêté de me prostituer et recommencé l'école, mais tous les soirs il me faisait travailler au restaurant dont il était propriétaire, sans jamais me payer en retour. Il me forçait aussi toutes les nuits à avoir des relations sexuelles avec lui. Cette aventure tourna vite au cauchemar: il m'injuriait, ne voulait pas que je fréquente les filles, me traitait de salope et, le jour de Noël, me frappa parce que je lui avais désobéi en fumant un joint. Quelques jours plus tard, je m'en allais de cet endroit pour ne plus jamais y retourner. J'étais déprimé, désillusionné, je ne savais pas quoi faire.

Un peu avant d'aller habiter avec cet homme, j'avais été référé par les policiers aux services sociaux. Mais je n'avais rien voulu savoir des travailleurs sociaux. Maintenant je n'avais rien à perdre: aussi bien aller voir ce qu'on pouvait m'offrir.

Mon travailleur social eut beaucoup de difficultés à me faire parler de ce que j'avais vécu. Nos premières rencontres étaient presque silencieuses. Mais petit à petit, je m'aperçus qu'il tenait plus à m'aider qu'à me punir ou à me faire du trouble. Bientôt, il me trouva une place dans un foyer-appartement où enfin je pourrais habiter seul. J'avais alors seize ans. Les services sociaux m'aidaient financièrement. Je continuais quand même à faire des clients, mais des clients réguliers surtout. On n'avait qu'à se téléphoner. C'était pratique: pas besoin de faire le parc ou les centres commerciaux.

À dix-sept ans, je suis allé demeurer dans un vrai appartement. J'étais tout excité, mais je m'aperçus bien vite que je m'y ennuyais à mourir. C'est pourquoi j'essayais d'être là le moins possible, en essayant de passer le plus de temps que je pouvais avec mes clients. L'école n'allait pas trop bien, mais que pouvais-je faire d'autre? Depuis deux ans, ma consommation de drogue avait beaucoup augmenté. Heureusement, la plupart du temps c'était mes clients qui payaient et mon préféré était pusher. Sinon, ça m'aurait coûté une fortune.

Après que j'eus fêté mes dix-huit ans, je suis allé habiter chez un ami plus âgé qui m'a beaucoup apporté. C'est à ce moment-là que j'ai renoué avec une fille qui avait déjà fréquenté un de mes collègues dans la prostitution. Pour la première fois de ma vie, je me sentais en amour. Curieusement, j'ai alors cessé presque complètement la drogue. Cette relation ne dura que quelques mois. Mais elle me fit réaliser que j'avais le goût et le droit de choisir mes relations amoureuses. Par la suite, je n'ai plus fait de clients. Je n'en étais plus capable. J'ai cependant fréquenté un homme dans la quarantaine, qui avait lui-même un enfant. J'ai senti que cet homme m'aimait, pourtant je conservais des réserves au plan sexuel. J'aurais voulu tout vivre avec lui sauf la sexualité.

Depuis quelque temps, j'ai aussi repris contact avec mon père. Après dix ans sans nous voir, ça n'a pas été facile. Il se méfiait beaucoup de moi et je crois qu'il craint beaucoup que je ne bouleverse sa nouvelle vie (il s'est remarié et il a un autre enfant). Il ne veut pas que sa belle-famille connaisse mon existence. Nos contacts sont distants et épisodiques, mais j'y tiens beaucoup. Il a aussi accepté de m'aider financièrement selon ses moyens.

Malgré cette aide, j'ai dû abandonner, provisoirement, mes études. Je n'arrivais pas financièrement. Depuis, je travaille afin de préparer un éventuel retour au cégep ou même à l'université. Je continue d'être un solitaire, car je n'ai trouvé personne qui me comprenne et qui m'attire à la fois. Je sais bien que les filles m'attirent physiquement, mais je constate que je m'entends mieux, côté psychologique, avec les gars. Mais je n'ai aucune attirance pour l'homosexualité.

Le problème de la drogue existe toujours. J'ai vainement tenté une désintoxication, mais je n'ai pas été jusqu'au bout. Je voulais cesser par moi-même. En suis-je capable? Après tout ce que j'ai vécu, les nuits et les jours sont souvent difficiles à porter. Je me sens souvent seul et désespéré, j'ignore si j'aurai seulement un avenir. Je préfère alors tout oublier, m'enfuir de ce monde stressant.

Si jamais je rencontre un garçon qui veut se lancer dans la prostitution, je lui dirai que ça ne vaut pas la peine. On se retrouve des années plus tard *poqué* par tout ce qu'on a vécu. On ne sait même plus si on s'aime ou si on peut aimer quelqu'un d'autre. Même le sexe finit par nous écœurer. Ça nous *fucke* en dedans. On ne sais plus qui on est, on se demande où on s'en va. Lorsque tout ce qu'on a connu c'est l'exploitation, on risque même de tomber dedans à notre tour. Des fois j'en suis tenté, mais j'ai fait trop souffrir de monde comme ça. Je préfère pour le moment ne rien vivre du tout du côté amoureux. Au moins quand je *tripe* seul avec ma dope, je ne dérange personne et plus rien ne me dérange.

Mon aventure m'a inspiré un petit poème, que j'ai intitulé «Monotonie». Je vous l'offre.

Je me prostitue le jour, la nuit
Depuis ma vie.
Je suis dépendant, sans argent, sans clients, sans
parents.
Je me sens comme une machine à faire du sexe.
Je marche,
Je cherche.
J'attends un client, de l'argent, mes parents.
Assis dans la nuit,
Je pense à ma vie.
Seul, sans clients, sans argent, sans parents,
Je marche,
Je cherche.
Je me sens détruit par l'argent, les clients,
les parents.
Je me drogue
Pour oublier l'argent, les clients, les parents.
Je me prostitue,
J'attends,
Je cherche
Un client, de l'argent, mes parents.

Des jeunes et leurs clients

Depuis quelques années, la prostitution des jeunes a fait son entrée dans l'actualité. Il n'y a pas si longtemps, on ne la percevait guère. Elle semble aujourd'hui proliférer partout. Pourquoi? Quelle est l'ampleur du phénomène? Que connaissons-nous de ces jeunes et de leurs clients?

Comme la prostitution des jeunes demeure une activité plus ou moins clandestine, il n'est pas facile de réunir des données précises sur ce phénomène. Les informations fournies par les jeunes et recueillies par les intervenants — travailleurs de rue, travailleurs sociaux, policiers, etc. — restent encore les sources les plus fiables dont nous disposons. Les seules données statistiques disponibles au pays proviennent du rapport du Comité sur les infractions sexuelles à l'égard des enfants et des jeunes (Comité Badgley), qui fut remis au gouvernement canadien en 1984. Malgré une méthodologie et des interprétations parfois discutables, qui tendent à sous-estimer l'ampleur des phénomènes qu'il décrit, ce rapport fournira ici quelques renseignements indicatifs sur les jeunes et leurs clients[1].

Il y a quelques années, on avançait le chiffre de 5000 jeunes prostitués, garçons et filles, pour Montréal et sa banlieue seulement. Cette estimation rejoignait celle des autorités des grandes villes américaines, selon lesquelles au moins un jeune sur cent s'adonnerait régulièrement à la prostitution. Ces évaluations sont aujourd'hui reconsidérées à la hausse, surtout si on y inclut le grand nombre de jeunes faisant une prostitution occasionnelle. Selon plusieurs intervenants sociaux, le nombre de jeunes qui se prostituent serait particulièrement élevé dans certains quartiers défavorisés de la métropole, où il atteindrait jusqu'à 10% de la population juvénile. Par ailleurs, beaucoup de milieux ruraux et de petites villes ont assisté à une visibilité accrue, sinon à un essor de cette réalité depuis quelques années. Faut-il vraiment s'en étonner quand on constate l'accroissement de la pauvreté au Québec (où le nombre de bénéficiaires de l'aide sociale a doublé depuis dix ans), l'éclatement de la famille, le taux élevé de *drop-out* et de chômage chez les jeunes? Voilà autant de facteurs qui ont contribué à faire de la pros-

---

1. *Infractions sexuelles l'égard des enfants*, Rapport du Comité sur les infractions sexuelles à l'égard des enfants et des jeunes, Centre d'édition du gouvernement du Canada, Ottawa,1984. Comme les auteurs du rapport le notent eux-mêmes, l'enquête a surtout porté sur la prostitution de rue et l'échantillonnage n'est pas nécessairement représentatif. L'enquête s'étant déroulée au moyen d'entrevues individuelles, les auteurs ont émis l'hypothèse que cette méthode a pu biaiser certaines réponses, en particulier sur les sujets les plus délicats, ne révélant qu'une partie de la réalité.

titution un piège tentant, sinon une alternative de survie pour beaucoup de jeunes.

Mais qui sont ces jeunes? Depuis quelques années, des services plus adéquats (bien qu'embryonnaires) d'aide et de dépistage ainsi que le démantèlement de plusieurs réseaux de prostitution nous en ont appris davantage à leur sujet. Les plus jeunes ont 7 ou 8 ans tandis que les plus vieux sont de jeunes adultes. On y compte approximativement 35% de garçons et 65% de filles. Le nombre élevé de prostitués masculins peut paraître à première vue surprenant, puisqu'on entendait auparavant rarement parler de ce phénomène. Il faut savoir que les clients de la prostitution masculine recrutent principalement les enfants et adolescents, car ils sont surtout attirés par la jeunesse de leurs partenaires, alors que la demande pour la prostitution féminine couvre un plus large éventail d'âges, pour inclure majoritairement des femmes adultes. La prostitution des jeunes filles n'est qu'une des facettes — et souvent une porte d'entrée — de la prostitution féminine adulte. Ainsi, la prostitution adulte ne représente qu'une faible portion de la prostitution masculine. Il n'est pas rare de voir des garçons de 17 ou 18 ans abandonner la prostitution pour la simple raison que leur clientèle les remplace par des plus jeunes!

La principale motivation invoquée par les jeunes qui se prostituent est l'argent ainsi rapidement gagné. Elle est cependant aussi promptement dépensée car, comme le confient nombre d'entre eux, cet argent «brûle les doigts». À moins qu'ils ne s'apprêtent à faire d'autres clients, après la «passe» les jeunes se retrouvent volontiers dans les restaurants et magasins, dans les arcades de jeux électroniques et, plus souvent qu'autrement, auprès des *pushers* (revendeurs de drogues). Car la grande majorité des enfants de la prostitution n'aiment pas ce qu'ils font. L'argent qu'ils gagnent sert conséquemment à s'évader d'une activité et d'un milieu qu'ils considèrent volontiers déprimant, dégoûtant, dégradant et destructeur[2]. D'autant plus que les activités sexuelles exigées par les clients sont fréquemment avilissantes: ceux-ci vivent souvent cette relation comme un défoulement et en veulent pour leur argent. Coercition et violence sont monnaie courante. Quel jeune pourrait supporter de tels rapports? La recherche d'évasion engloutit tous leurs gains pécuniaires. Dans la majorité des cas, la dépendance à des drogues de plus en plus fortes en vient à créer un cercle vicieux duquel il s'avère difficile d'échapper: se droguer pour oublier leur condition de prostitué-e et se prostituer pour se procurer cette drogue. À vrai dire, peu de jeunes arrivent à se prostituer sans recourir à l'alcool ou la drogue, surtout ceux et celles qui le font régulièrement.

À l'aspect monétaire et au facteur drogue, s'ajoutent souvent des motivations complémentaires. Les plus jeunes parlent de recherche d'attention ou d'affection de la part d'adultes, du désir d'aventure, de

---

2. Ce sont d'ailleurs là les adjectifs qui reviennent le plus souvent à propos de la prostitution dans les 229 interviews de jeunes prostitués réalisés pour le Comité sur les infractions sexuelles à l'égard des enfants.

curiosité, et de moyen de survie lors de fugues. Les plus vieux invoquent la réaction à leur milieu familial, l'affranchissement de cette famille, la recherche d'un milieu d'appartenance, et l'absence d'autres moyens de subsistance. Mais, qu'ils en soient conscients ou non, la majorité d'entre eux n'ont pas choisi la prostitution de façon rationnelle et réfléchie; c'est plutôt la prostitution qui les a choisis... Comme on le verra, ils ont été placés sur la voie menant à la prostitution dès l'enfance ou l'adolescence.

Je n'ai jamais vu d'enfant qui ait décidé un beau matin de se prostituer. Les choses ne se passent pas ainsi. Au contraire, l'enfant est amené à la prostitution sans vraiment s'en rendre compte. Par exemple, les réseaux de prostitution d'enfants se structurent souvent autour d'adultes abuseurs qui, après avoir eux-mêmes initié ces jeunes, les partagent ensuite avec d'autres adultes. Les jeunes apprennent vite la logique du marché: il existe des adultes prêts à payer pour avoir du sexe avec eux. Pour le garçon ou la fille qui se sent rejeté à la maison ou à l'école, qui n'a pas d'argent, qui est à la recherche d'attention ou d'aventures, cette découverte est saisissante. Et si l'enfant n'y trouve pas son intérêt, les adultes en question utiliseront volontiers la menace pour que le jeune conserve son secret... et sa disponibilité. Les cadeaux et, avec le temps, la dépendance à l'alcool et à la drogue se chargeront d'inciter les plus récalcitrants à se tenir tranquilles. Dans bien des cas, les photos ou vidéos pornographiques réalisés avec eux serviront aussi à exercer un chantage: il y a toujours quelqu'un, un parent ou

un ami, à qui le jeune souhaite cacher sa prostitution,
or ces images parlent d'elles-mêmes. Outils d'exploitation, ces photos et ces films deviennent aussi outils de
chantage. Il faut souligner que, outre leur diffusion
artisanale très rentable, ces représentations de jeunes
ayant des relations sexuelles entre eux ou avec des
adultes servent parfois, littéralement, de catalogue aux
réseaux de prostitution. Enfin, lorsque arrive l'adolescence, les garçons et filles plus âgés seront volontiers
utilisés pour rabattre des plus jeunes pour le réseau,
tout en continuant d'y circuler eux-mêmes. Quelques-
uns d'entre eux et d'entre elles profiteront du changement de clientèle dû à leur maturation physique pour
s'orienter vers une prostitution plus autonome.

Pour les filles, l'adolescence est souvent le
moment où le souteneur entre en scène. Exploiteur
revêtu des habits du séducteur, le souteneur cherche à
créer une relation de dépendance psychologique chez
la fille, ceci sous le couvert d'une relation amicale ou
amoureuse. Entretenant chez elle un sentiment de nul-
lité et d'incapacité personnelle, il passe rapidement de
l'affection à la terreur pour l'obliger à rapporter
davantage d'argent et il recourt volontiers aux menaces et à la brutalité physique pour affirmer son pouvoir
sur sa «protégée». Quoiqu'on la retrouve parfois dans
la prostitution des garçons, la dynamique prostituée-
souteneur demeure assez spécifique à la prostitution
féminine. Alors que les garçons cessent généralement
de se prostituer une fois adultes, faute de clients, la
«carrière» des filles peut se prolonger encore longtemps. Aussi, les souteneurs repèrent-ils les filles dont
la carrière promet. Une fois qu'elles sont sous leur

joug, elles ne peuvent que difficilement s'en sortir. Le souteneur conçoit la prostituée comme son esclave, sa propriété, quitte à employer la violence pour s'assurer sa loyauté... et sa rentabilité. C'est une des raisons pour lesquelles la prostitution des filles s'avère plus destructrice encore que celle des garçons. Et ce n'est pas peu dire.

Malheureusement, la violence est devenue chose banale pour beaucoup de ces jeunes. Les intervenants sociaux constatent, en effet, que la prostitution des jeunes est souvent le prolongement d'abus sexuels vécus durant l'enfance ou l'adolescence... Selon le sondage commandé par la commission Badgley, 62% des filles et 77% des garçons prostitués avaient eu leur première relation sexuelle avant l'âge de 13 ans. Par ailleurs, près de 60% des filles interrogées et presque 30% des garçons décrivaient cette première expérience comme abusive, c'est-à-dire initiée par un parent, un adulte en contexte d'autorité ou quelqu'un de plus âgé qu'eux. Dans deux tiers de ces cas, ces relations sexuelles avaient comporté des menaces ou de la violence. En outre, un garçon sur quatre et une fille sur trois admettaient avoir été victime d'inceste, c'est-à-dire avoir eu des relations sexuelles avec des personnes de leur famille. Il en ressort que le profil des jeunes prostitués diffère globalement de celui des autres jeunes en ce qu'ils ont eu plus jeunes des relations sexuelles contraignantes et traumatisantes[3]. Souvent déjà victimes

---

3. Ce qui, bizarrement, n'a pas été relevé par la commission qui, à l'encontre des données qu'elle avait recueillies, conclut que les prostitués-es n'avaient pas été plus exposées-es aux agressions sexuelles que d'autres enfants!

d'inceste ou d'abus sexuels par des tiers, ces jeunes ont donc intégré très tôt la dynamique de l'abus, du secret et de la peur. Si, victimes «passives», ils sont devenus victimes «actives», c'est paradoxalement pour fuir en avant. Comment? En niant que ces relations sexuelles non désirées avec des adultes les ont bouleversés; au contraire, ils en retirent désormais des gratifications, matérielles et autres. Beaucoup de jeunes ont appris dans l'abus sexuel que leur corps et leur sexualité peuvent intéresser des adultes et servir de monnaie d'échange lorsque c'est nécessaire. Ils s'en souviendront lors de fugues ou lorsque des problèmes d'argent surgiront.

L'enquête de la commission Badgley démontrait que plus de 75% de ces jeunes avaient fugué du foyer parental, généralement avant l'âge de 14 ans, afin de fuir leurs problèmes familiaux ou personnels. La majorité de ces garçons et filles font état d'un climat familial malsain, où régnaient la violence verbale ou physique et, pour plusieurs filles, l'inceste. Une bonne moitié d'entre eux proviennent de familles éclatées (que ce soit suite à une séparation, un divorce ou un décès). La même proportion rapporte avoir vécu une enfance de laquelle le père était psychologiquement ou physiquement absent de façon prolongée. Cette rupture du milieu familial — qu'ils l'aient ressentie à cause des tensions familiales, de fugues ou de bris du noyau parental — a semblé les rendre particulièrement vulnérables à la prostitution. La moitié des 229 jeunes interrogés avaient commencé à se prostituer entre 8 et 15 ans.

Bien que cette donnée ne soit jamais ressortie des enquêtes réalisées auprès des jeunes prostitués, une majorité d'entre eux ont vécu des placements en familles d'accueil ou en centres d'accueil. C'est d'ailleurs une des premières constantes qui frappent l'intervenant appelé à les côtoyer. Dans bien des cas, cela signifie que le lien avec la famille d'origine est particulièrement fragile, voire rompu. Les fréquents placements et déplacements qu'ont vécus certains de ces jeunes aboutissent aussi à des carences affectives et relationnelles significatives. Ils ne sont les enfants de personne. Pas surprenant que dans leur recherche désespérée d'attention et d'affection de la part d'adultes, ils se servent de leurs seuls atouts: leur séduction, leur corps. Comme me le disait un jour un de ces jeunes: «Quand un bonhomme te donne vingt dollars, c'est au moins parce qu'il pense que tu les vaux. Ça fait au moins quelqu'un qui te prouve que tu vaux quelque chose.»

Comme on s'en doute, ces jeunes développent souvent des problèmes scolaires et nombre d'entre eux finissent par abandonner l'école pour se consacrer à une prostitution régulière. Ils se retrouvent ainsi piégés lorsque, plus tard, ils songent à s'en sortir: sans instruction, sans expérience de travail, pas de passé ni d'avenir. Sans compter que la dépendance aux drogues et les pressions du milieu (réseaux ou souteneurs) se font cruellement sentir. Pour les garçons, qui ne peuvent espérer faire longuement carrière, le recyclage le plus facile est souvent opéré dans la délinquance ou dans la vente de drogue et, pour quelques-uns, dans la danse nue. Cette dernière alternative se présente aussi aux filles, bien qu'elle n'exclue nullement — au contraire même, dans certains milieux — des pratiques de prostitution. C'est ce qu'on appelle «faire les deux planchers»: la danse et les clients.

Lorsqu'on trace leur histoire de vie, une trajectoire commune se dégage du vécu des jeunes prostitués, garçons et filles: expériences sexuelles précoces accompagnées d'abus sexuels par des adultes, détérioration des liens familiaux qu'ils cherchent conséquemment à fuir, premier pas dans la prostitution évoluant graduellement vers une activité à plein temps, abandon scolaire et dépendance par rapport au milieu et à la drogue, enfin passage — surtout chez les filles — à la prostitution adulte, ceci sous l'influence d'un souteneur. Sans pour autant prétendre dresser un portrait type du garçon et de la fille qui se prostituent, un certain profil se dessine. Tout en précisant que beaucoup de jeunes ne correspondent qu'en partie ou que peu à ce profil, on peut affirmer qu'il représente le cheminement le plus courant. Résumons-le dans le tableau suivant: .

ENTRE 6 ET 12 ANS: *Expériences sexuelles précoces.*
Dans près de la moitié de ces cas, ces expériences sont vécues comme abusives et traumatisantes (inceste, agressions sexuelles, menaces et violence).

ENTRE 8 ET 14 ANS: *Milieu familial considéré insatisfaisant par le jeune* (sécurisation affective ou matérielle non comblée). En résultent: problèmes de comportement, de délinquance, de fugue, d'alcool et drogue, difficultés scolaires, etc.

ENTRE 10 ET 16 ANS: *La prostitution apparaît comme solution* momentanée au désœuvrement, aux insatisfactions et frustrations, voire aux menaces reçues. Elle procure aussi l'argent nécessaire pour «fuir en avant».

ENTRE 12 ET 18 ANS: *Établissement de dépendance* par rapport au milieu de la prostitution et à la drogue.

ENTRE 14 ET 20 ANS: *Recyclage* (différencié selon les sexes). Les garçons passent parfois à la délinquance et les filles, fréquemment alors sous le joug d'un souteneur, à la prostitution adulte (qui ne fait, dans ce cas, que commencer).

Regardons maintenant du côté des adultes qui ont recours aux jeunes prostitués, qu'ils soient garçons ou filles. Tout comme les abuseurs, les organisateurs de réseaux et les souteneurs, la grande majorité des clients de la prostitution sont des hommes. Le profil du client est le même, qu'il s'agisse de prostitution féminine ou masculine: un homme âgé entre 25 et 55 ans, marié, avec enfants, issu de la classe moyenne, ayant un emploi[4]. Bref, monsieur tout-le-monde. Le mythe selon lequel les clients des jeunes prostitués sont exclusivement homosexuels (dans le cas des garçons) ou uniquement pédophiles (dans le cas des filles) est démenti par la réalité. Tout comme la croyance selon laquelle ces adultes ont nécessairement été eux-mêmes abusés; cela se rencontre mais on ne peut en faire une règle générale. Comme le soulignait un éminent criminologue britannique, le Dr D. J. West[5], la proportion d'enfants ayant eu des relations sexuelles avec des adultes est trop élevée pour penser que ce comportement soit limité à une petite minorité d'adultes déviants ou délinquants.

Comment expliquer le fait que la majorité des clients de la prostitution juvénile ne soient pas prioritairement des pédophiles et des hébéphiles[6] (qu'ils soient homosexuels ou hétérosexuels)? La question est primordiale pour qui veut comprendre la dynamique qui s'installe entre les clients et les jeunes.

Plusieurs facteurs contribuent à l'apparente contradiction entre le style de vie «respectable» des clients

---

4. Rapport Badgley, p. 1141 et suivantes.

5. Dans *Adult Sexual Interest in Children*, édité par M. Cook et K. Howells, Academic Press, 1981.

6. Terme, plus rare, désignant une personne adulte manifestant une attirance sexuelle marquée pour des adolescents ou adolescentes. Ce qui la différencie de la personne pédophile, qui ressent de l'attrait sexuel pour des enfants impubères. La conjonction de ces deux attraits est appelée pédohébéphilie.

et leurs escapades avec des prostitués. Bon nombre de jeunes témoignent que, outre leur jeunesse, ce qui semble surtout attirer le client, c'est le besoin de contrôle et de clandestinité que satisfait cette relation. Ils confirment ainsi ce que plusieurs spécialistes ont déjà dit au sujet des abuseurs sexuels d'enfants: ceux-ci semblent moins motivés par la sexualité en elle-même que par le sentiment de pouvoir et de contrôle que leur procure une relation — forcément inégalitaire tant physiquement, psychologiquement que socialement — avec un-e mineur-e. Imposer sa sexualité, c'est aussi imposer son pouvoir. Mais alors pourquoi tant d'hommes, apparemment bons pères de famille et bons citoyens par ailleurs, se tournent vers les jeunes pour satisfaire, outre leurs besoins sexuels, ce soi-disant besoin de pouvoir et de contrôle? D'où provient un tel besoin? En examinant le conditionnement des hommes face à la sexualité, quelques hypothèses émergent.

D'abord, les hommes apprennent, dès l'enfance et l'adolescence, à concevoir leurs activités sexuelles comme autant de preuves de leur virilité. Un homme qui n'est pas actif, performant, compétitif, séducteur, voire dominateur à cet égard n'est pas un vrai homme. Pas question de connaître des échecs. Pas question, non plus, de se trouver à la merci de ses partenaires amoureux. Or la réciprocité et la liberté auxquelles aspirent légitimement les femmes aujourd'hui portent un coup dur au mythe de l'homme conquérant. Aussi, un certain nombre d'hommes, incapables d'assumer des nécessaires remises en question, des rejets ou des tensions normales au sein de leur couple, vont vivre leurs fantasmes ailleurs. Or la prostitution est un lieu privilégié pour obtenir des relations sexuelles tout en imposant ses exigences et en contrôlant la situation. L'ancien secrétaire d'État américain Henri Kissinger n'a-t-il pas déjà déclaré que le pouvoir procurait l'excitation sexuelle suprême? En quelques mots, il reflétait ce que beaucoup d'hommes ont appris à penser. Ce n'est pas par hasard que la domination et même la violence se retrouvent au cœur même de la pornographie destinée aux hommes. Quand de plus en plus de femmes refusent d'entrer dans des fantasmes masculins qui leur portent préjudice, certains hommes se tournent volontiers vers les enfants et les jeunes. Avec ces derniers, pas de partage, de négociations ou de compromis: ce sont toujours, de toute façon, les adultes qui auront le dernier mot. Du pouvoir à l'abus de pouvoir, il n'y a qu'un pas. À l'ère de l'individualisme et de la crise du couple, les jeunes représentent pour beaucoup d'adultes les substituts affectifs et sexuels à des relations égalitaires forcément exigeantes. Ce n'est peut-être pas un hasard si la sexualité devient plus que jamais un bien à consommer lorsque les rapports hommes-femmes — en particulier les rapports amoureux — exigent des remises en question profondes, parfois déchirantes. La prostitution, elle, sécurise les hommes dans leurs stéréotypes traditionnels. Comme si rien autour d'eux n'avait changé.

Il faut dire que l'attirance des hommes vers les jeunes, garçons ou filles, est plus commune qu'on ne le croit. En effet, contrairement aux femmes, les hommes sont conditionnés de façon à concevoir leurs par-

tenaires sexuels plus jeunes, plus fragiles, plus menus
qu'eux. Par ailleurs les canons de beauté féminine,
fixés par des hommes, mettent l'accent sur des caractéristiques pédomorphologiques, c'est-à-dire sur des
qualités propres à la jeunesse: gracilité, absence de
pilosité, sveltesse, fermeté des chairs, peau jeune et
satinée, etc. Or les enfants et adolescents des deux
sexes non seulement rencontrent ces standards mais
encore en sont-ils les prototypes. La beauté, pour la
majorité des hommes, reste synonyme de jeunesse. Et
vice-versa, la jeunesse physique est source d'admira-
tion pouvant dériver en attrait sexuel. La féminisation
des enfants comme objets de désir (les mannequins
parmi les mieux cotés sont des très jeunes filles) et, à
l'inverse, l'infantilisation des femmes (travesties en fil-
lettes immatures dans nombre de revues dites érotiques) sont des phénomènes typiques de notre société.

Ensuite, plusieurs auteurs[7] ont souligné combien
la sexualité occidentale, et en particulier la sexualité
masculine, était souvent liée à la transgression. Vraisemblablement, les nombreux interdits religieux ou
culturels concernant la sexualité ont joué un rôle dans
cet état de fait. Les psychologues John Money[8] et
Robert Stroller[9] vont plus loin encore en prétendant

---

7. En particulier Denis de Rougemont, Georges Bataille, Fran-
cesco Alberoni, Robert Stoller et John Money. J'ai fait écho à leur
thèse dans *La Sexualité plurielle*, éd. Prétexte, 1982.

8. *Lovemaps*, Irvington Publishers, New York, 1986.

9. *L'Excitation sexuelle*, Payot, Paris, 1984.

que le rôle du désir et du comportement sexuel est essentiellement de convertir les expériences douloureuses ou les frustrations antérieures en plaisir. Comment? En mettant en scène nos activités sexuelles de façon à ce que ces dernières reproduisent symboliquement les situations traumatiques du passé que nous transformons dès lors en jouissance. Par exemple, un individu qui s'est senti humilié par une femme aura tendance à reproduire et à «résoudre» symboliquement cette situation. Ceci, soit en adoptant son propre rôle et en transformant alors cette expérience en plaisir sexuel (avec une partenaire dominatrice qui sache lui procurer l'orgasme), soit en inversant les rôles de la situation originelle, c'est-à-dire en avilissant lui-même une partenaire sexuelle symbolisant celle qui l'a humilié. Comme on le devine, la prostitution, et a fortiori celle des jeunes, représente un lieu de prédilection pour ceux qui veulent flirter avec l'interdit ou encore s'assurer du contrôle absolu du scénario sexuel qui satisfera leurs frustrations et leurs fantasmes.

Enfin, comment ne pas reconnaître à quel point les hommes sont éduqués de façon à dissocier le désir et l'amour, le sexe et l'affection? Pour certains d'entre eux, la prostitution en vient à représenter la sexualité idéale: elle est orientée exclusivement vers leur plaisir, sans nulle responsabilité, obligation ou engagement. Les seules contraintes (sexuelles, du moins) que comporte la relation, ce sont eux qui les fixent. Ceci s'applique d'autant plus à la prostitution adolescente et enfantine que, contrairement aux prostituées adultes, les jeunes sont très malléables et n'exigent aucune précaution minimale de santé, tel que l'usage du condom, par exemple .

Ajoutons à ce tableau que l'érosion des tabous et la libération des mœurs sexuelles qui ont caractérisé les dernières décennies ont contribué à banaliser la prostitution des jeunes. Comme je le constatais dans un précédent livre[10], les mythes conjugués de la nécessité sexuelle et de son impérieuse pulsion ont servi à excuser bien des abus. Lorsque, inversant les préjugés ancestraux, on professe que la sexualité est bonne en elle-même et que, de toute façon, nos pulsions nous dominent, tout semble permis. L'abus est présenté comme de l'éducation sexuelle et la prostitution des jeunes comme une activité commerciale semblable à une autre. Plusieurs clients déclareront qu'en payant des enfants ou des adolescents pour du sexe, ils les aident financièrement et leur permettent de découvrir leur sexualité. Des bons samaritains, quoi! J'ai, un jour, répondu à l'un d'entre eux, chef d'entreprise, que s'il aimait vraiment les jeunes il n'avait qu'à leur donner des emplois et à les laisser vivre en paix leur propre sexualité.

Les clients se vantent moins des activités souvent dégradantes qu'ils exigent des jeunes, voire des sévices qu'ils leur imposent. Pourtant les confidences des garçons et des filles ne laissent aucun doute sur le caractère avilissant des actes sexuels imposés par beaucoup

---

10. *Les Lendemains de la révolution sexuelle* éd. Prétextes, Montréal, 1986.

de clients: violence verbale ou physique, pratiques sado-masochistes, obligation d'avaler le sperme, déchirement du rectum lors de sodomie, douche d'urine, etc. Certes, il y a, à l'inverse, quelques clients qui ne paient que pour dialoguer un moment ou pour donner et recevoir de l'affection, mais ils sont peu nombreux. Ces clients ne rechercheraient dans la prostitution qu'un simulacre d'amour, un substitut à une affection physique qu'ils ne reçoivent pas. Mais est-ce aux jeunes d'en faire les frais? Et pour une histoire de tendresse, combien d'histoires d'horreur?

Le profil du client apparaît maintenant plus clairement. Encore là, faut-il reconnaître qu'il s'agit d'un cheminement général, auquel tous ne s'identifient pas.

CONDITIONNEMENT MASCULIN INCITATIF À L'ABUS

(Elle comprend: dissociation du sexe et de l'affection, associations entre sexe et interdit, entre sexe et pouvoir et entre domination et plaisir, érotisation du pédomorphisme, et mythe de l'incontrôlable pulsion.)

↓

ACTUALISATIONS SEXUELLES DÉÇUES

(Difficulté à composer avec la frustration personnelle et avec les demandes ou les rejets d'adultes. Certains ont eux-mêmes été abusés étant jeunes ou sont carencés affectivement.)

↓

DÉCISIONS ÉTHIQUES ET STRATÉGIQUES
PERMETTANT LE RECOURS À DES JEUNES PROSTITUÉS

(Exemples: «Je leur rend aussi service», «C'est la seule façon d'obtenir ce que je désire», «De toute façon, ces prostituées sont là pour ça.»)

↓

PASSAGE À L'ACTE.

(S'il y a rencontre entre la demande du client et l'offre du/de la jeune.)

Par-delà les misères des uns et des autres, la prostitution des jeunes reflète la situation des jeunes et la condition des hommes. Le plus troublant, c'est que ce soit les enfants abusés et mal aimés qui se retrouvent une fois de plus sacrifiés aux besoins des adultes-clients. La prostitution fait mal. Elle fait tomber les masques et met à nu la sexualité masculine contemporaine. C'est peut-être une des raisons pour lesquelles elle est si longtemps demeurée un sujet tabou: elle compose un miroir qui ne saurait mentir. Sommes-nous prêts à nous y regarder?

Les réseaux d'abus et de prostitution

par

DENIS MÉNARD

Au coin de la rue, tous les jours vers 16 heures 30, un homme à l'allure plutôt anodine se présente. Il n'a qu'à faire un geste ou dire un mot, et hop! le voilà avec un jeune garçon qui flânait là. Marcel, dix ans, a compris et suit l'adulte pour dix dollars. Trente minutes plus tard, il reviendra, argent en poche, fier mais troublé. Rejoint par Pierre et Sylvain, Marcel s'en va jouer à l'arcade du coin.

Pour les gens qui les entourent, Marcel et ses amis ressemblent à tous les enfants de leur âge; mais ces gamins ont accepté de jouer avec des adultes un jeu «fantastique», tellement simple et facile qu'au premier coup d'œil, on pourrait croire au Monde merveilleux de Walt Disney. Ces enfants gravitent dans des réseaux d'abus sexuels et de prostitution. Ces réseaux naissent, se transforment, s'imbriquent les uns aux autres et disparaissent. Quand les petits sont devenus grands, des plus jeunes les remplacent et la roue tourne au rythme des saisons et des années.

Quand, pour la première fois, Marcel a accepté de suivre un adulte pour des bonbons et des chips, jamais il n'aurait pu se douter qu'il faisait ses premiers pas dans un réseau d'abus sexuels et de prostitution. Simplement attiré par les friandises, jamais il n'aurait pu prévoir les suites de cette petite transaction. Aux bonbons ont succédé de l'argent et des biens matériels; les transactions, inévitablement, sont devenues plus nombreuses et davantage préméditées.

Marcel, et tous les autres enfants ainsi abusés, sont devenus graduellement les proies du réseau. Pris dans l'engrenage, ils sont l'«huile du moteur» de la machine que constitue le réseau. Sans huile, un moteur ne tourne plus; sans enfants, un réseau de prostitution non plus.

Pour bien comprendre la dynamique d'un réseau, nous explorerons dans les pages qui suivent la mécanique subtile de ces organisations et nous tenterons ainsi de les démystifier. Dans cette perspective, nous examinerons de près un réseau d'abus sexuels et de prostitution de mineurs qui tenait ses activités à Montréal et qui fut identifié il y a quelques années.

Les réseaux qui utilisent les mineurs s'organisent presque toujours sous la même forme. Dans la mesure où leurs objectifs sont les mêmes, les scénarios s'apparentent, qu'il s'agisse d'enfants de sexe féminin ou masculin. Bien que l'illustration principale de ce texte concerne un réseau de garçons, on sait que les réseaux mixtes ou de filles fonctionnent selon la même logique.

Le concept de réseau étant essentiellement une idée qui suppose une grande interaction, il doit être envisagé dans une perspective de mouvement, même d'escalade. Nous analyserons dans ce chapitre, les modes d'approche des adultes abuseurs vis-à-vis les

enfants, les méthodes et stratégies utilisées par ces derniers pour «appâter» les enfants puis les initier. Enfin,
nous verrons les inter-relations entre les victimes de
même qu'avec leurs abuseurs.

D'abord, définissons simplement le terme *réseau*:
un réseau représente un ensemble de personnes qui
sont en liaison directe ou indirecte en vue d'une action
commune. Il existe deux types de réseaux: les réseaux
ouverts et les réseaux fermés, chacun pouvant exercer
des activités de nature positive ou négative pour ses
membres ou pour leur environnement.

Pour illustrer ce qu'est un réseau ouvert, prenons
l'exemple d'un réseau d'affaires, celui de Provigo.
Cette corporation opère dans des secteurs multiples de
la consommation, (les chaînes alimentaires Provigo,
Provisoir, Axept, etc.) pour satisfaire nos besoins en
alimentation. Elle détient une part du marché du loisir
à travers Sport Expert. Elle offre aussi des biens de
tous genres à la population, par sa chaîne de magasins
Distribution aux Consommateurs. En bref, ce sont
tous des maillons différents d'un même réseau commercial dont les finalités sont jugées positives pour ses
propriétaires et ses clients. À l'opposé, un réseau d'exploitation sexuelle est fermé et clandestin. Il relève
d'un ensemble d'adultes dont l'objectif commun et
principal est d'assouvir leurs besoins sexuels par l'exploitation d'enfants. Illégales et immorales, leurs activités sont jugées négatives pour l'environnement
social.

La vie d'un réseau

Revenons maintenant à notre point de départ: comment en sommes-nous arrivés à identifier et analyser le fonctionnement d'un réseau d'abus et de prostitution d'enfants?

Le tout commença lorsque la police de la Communauté urbaine de Montréal informa la direction de la Protection de la Jeunesse[1] que vingt-huit garçons, âgés entre six ans et dix-sept ans et demi, faisaient partie d'un réseau de prostitution. Les adultes présumément impliqués, tous des hommes, étaient au nombre de quatorze. Branle-bas de combat à la direction de la Protection de la Jeunesse pour évaluer la situation tant personnelle que familiale de ces enfants. Ces interventions, menées essentiellement pour éviter toute compromission du développement et de la sécurité des garçons, n'exploraient pas le fonctionnement du réseau.

Je pris donc l'initiative de rencontrer policiers, travailleurs sociaux, parents et enfants impliqués dans le réseau et ce, dans le but de colliger le plus de renseignements sur le phénomène des réseaux. Au fil de ces entrevues, les morceaux du casse-tête s'assemblèrent rapidement.

---

1. La direction de la Protection de la Jeunesse constitue une composante du Centre des Services sociaux du Montréal métropolitain.

1. Les enfants

La très grande majorité des enfants signalés à la direction de la Protection de la Jeunesse par la police, n'étaient pas connus des services sociaux. Ces enfants se répartissaient en deux groupes distincts, sans qu'il existe entre eux des liens apparents. Ces sous-groupes correspondaient cependant aux maillons d'une même chaîne.

a) Premier sous-groupe d'enfants

Sylvain, neuf ans et demi, fréquente l'école primaire. Il fait partie des dix enfants qui composent ce sous-groupe. L'âge moyen de ces enfants est de huit ans et demi.

Sylvain et ses amis ont été abusés sexuellement par un seul des adultes impliqués dans le réseau; nous l'appellerons Jean-Pierre. Ce dernier sera identifié plus tard comme une tête dirigeante du réseau. Ces relations sexuelles abusives duraient en moyenne depuis environ un an. Les enfants avaient recontré Jean-Pierre à la piscine. Ils le trouvaient gentil: il jouait avec eux et après la baignade, Jean-Pierre leur achetait des chips et des liqueurs, parfois il leur donnait de l'argent.

Jean-Pierre sait comment plaire aux enfants. Il sait se rendre attachant par ses petites attentions. Il suscite chez les enfants le désir d'aller chez lui, car il possède des jeux vidéo; c'est attrayant d'aller chez Jean-Pierre. La relation «affective» et de confiance établie, Jean-Pierre a abusé sexuellement de tous les

enfants, pendant une période de plusieurs mois. Surprenant peut-être, mais Jean-Pierre avait aussi gagné
la confiance des parents de plusieurs enfants. Une des
stratégies employées par Jean-Pierre consistait à rendre des petits services aux familles. Par exemple, il
proposait de servir de gardien pour les enfants pendant
un week-end de repos pour les parents. Il prêtait de
l'argent, faisait des courses. Bref, Jean-Pierre devenait
un ami pour la famille.

Ces enfants ne se prostituaient pas encore. Ils
étaient cependant tous des victimes passives[2] d'abus
sexuels par un tiers adulte[3]. Ces enfants ne connaissaient généralement pas les enfants du deuxième sous-
groupe d'enfants, dont nous allons maintenant parler.

b) Deuxième sous-groupe d'enfants

La majorité de ces jeunes se prostituent depuis
trois ans environ. Ils sont encore très jeunes: treize ans
et huit mois de moyenne d'âge. Sept de ces adolescents
font déjà de la prostitution sur une grande échelle. Ces
derniers ont aussi été identifiés dans d'autres réseaux,
un peu partout à Montréal et en banlieue. Certains
d'entre eux rabattaient[4] des enfants plus jeunes pour

---

2. *Victimes passives*: cas où c'est l'adulte qui va vers l'enfant et
l'initie. L'enfant joue un rôle passif. Ce n'est pas lui qui va vers
l'adulte.

3. *Abus sexuel par un tiers adulte*: abus sexuel commis par un
adulte qui n'a aucun lien parental avec l'enfant.

4. *Rabattage*: terme utilisé pour décrire la recherche d'un jeune
pour un tiers adulte. La personne qui rabat reçoit généralement des
gratifications diverses: argent, drogues, considérations et services
ultérieurs, etc., de la part de l'adulte.

leurs ex-clients dans ces différents réseaux. En retra-
çant le cheminement de ces jeunes, tout devient plus
clair. La majorité d'entre eux connaissaient et fréquen-
taient Jean-Pierre depuis très longtemps... Ce dernier
avait abusé sexuellement de ces enfants, après avoir
utilisé les mêmes subterfuges que ceux employés
auprès du premier groupe d'enfants. Daniel, René,
Paul et plusieurs autres adolescents de ce deuxième
sous-groupe étaient donc progressivement devenus des
victimes non plus passives mais actives[5] du réseau, à
mesure qu'ils évoluaient dans ce dernier. Impossible
pour la plupart de chiffrer le nombre de relations
sexuelles depuis leur toute première relation abusive.

Comment les enfants des deux sous-groupes
avaient-ils gardé pendant si longtemps le silence? La
dynamique de l'abus sexuel, conjuguée aux lois du
réseau, assure ce silence. Telle est la règle première de
survie des réseaux.

Les enfants impliqués dans ce réseau, ont tous
suivi un parcours bien précis. Certains étaient plus
avancés que les autres dans la trajectoire de l'abus
sexuel à la prostitution. Au point de départ, leur carac-
téristique commune était d'être *victime*. Leurs différences principales sont leurs attitudes et comportements dans leur rôle de *victime*; certains l'étaient *passi-
vement*, tandis que les autres l'étaient *activement*.

---

5. *Victime active*: le jeune (gars ou fille) a conscience des règles
du marché. Il a intériorisé, de plus, les règles du réseau. Il va vers les
adultes pour offrir son corps en échange d'argent. Le jeune, dans
cette phase, consomme beaucoup de drogue et doit donc se prostituer régulièrement. Il est entré dans le cercle drogue/prostitu-
tion/drogue. Il est piégé.

Marcel, sept ans, aime les bonbons et trouve gentil le monsieur qui lui en donne. Ce dernier exploite la naïveté de l'enfant pour ensuite en abuser sexuellement. L'enfant n'entreprend jamais une relation abusive. L'adulte est l'initiateur. L'enfant est abusé, c'est une victime passive. Ce n'est qu'après avoir intégré les règles du marché et avoir décidé de «capitaliser» son potentiel, que l'enfant deviendra davantage participant et passera de l'état abusé à la prostitution.

2. Les adultes

Les adultes se répartissaient eux aussi en deux groupes distincts. Tous ces adultes avaient cependant eu des relations sexuelles avec la plupart des jeunes du sous-groupe des adolescents.

Les membres du premier sous-groupe d'adultes, celui que nous identifierons sous le nom de «Monsieur tout le monde», ne connaissaient pas les adultes du deuxième sous-groupe; et à l'inverse, ces derniers ignoraient l'existence des premiers. Voyons pourquoi.

a) Le groupe «Monsieur tout le monde»

Ces messieurs, au nombre de six, sont des gens ordinaires, sans histoire particulière au départ. Ouvriers, commerçants, chômeurs, mariés, célibataires, etc. Outre le fait d'avoir abusé sexuellement des enfants du deuxième sous-groupe, ces adultes ne possédaient aucun casier judiciaire, que ce soit pour agression sexuelle ou autre. Chez eux, aucune violence verbale ou physique n'était exercée à l'égard des jeunes. Plusieurs parmi ces adultes tentaient d'encourager les jeunes à cesser leur consommation de drogue. Un des adultes encourageait aussi certains jeunes à poursuivre leurs études. Les adolescents, de leur côté, percevaient ces clients comme gentils et inoffensifs. Paul, un adolescent, témoignera que monsieur Jean est un gars correct: «Y te donne des conseils sur l'école.»

À noter: le client a généralement le même profil, qu'il opte pour le garçon ou pour la fille. Le jeune garçon sera cependant rarement violenté, contrairement à la jeune fille qui, elle, le sera souvent.

Julie, une adolescente de dix-sept ans et demi, décrit sa clientèle de la façon suivante: «Le client vient de toutes les classes sociales. Il est marié, bon père de famille. Avant la passe[6], le client est gentil et doux. Après, il est gêné, peut être bête et violent».

b) Le groupe des Huit

Jean-Pierre, l'initiateur dont nous avons tantôt parlé, appartient à ce groupe. Ils se connaissent tous entre eux. Ils organisent, à l'occasion, des petites orgies de groupe avec des jeunes. La plupart ont des antécédents judiciaires pour agressions sexuelles et autres activités criminelles: prêts usuraires, commerce de drogue, etc.

Fait important à retenir: par le passé, quatre de

---

6. *Passe*: terme qui définit une activité sexuelle avec un client pouvant aller de la masturbation à une relation sexuelle complète.

ces hommes avaient déjà été identifiés comme participants actifs à des réseaux d'abus sexuels et de prostitution. Ils ont même été incarcérés à deux reprises relativement à ces affaires. L'examen de leurs antécédents démontre une reprise d'activités de réseaux similaires à tous les deux ans. Cela veut donc dire que sur une période de six ans, ils ont organisé et contrôlé, toujours dans le même secteur de la ville, trois réseaux d'enfants. Plusieurs jeunes se retrouvaient même dans ces trois organisations!

En termes d'interprétation, deux explications possibles s'offrent à nous: le réseau connaissait un répit pendant la période d'incarcération de ces hommes et se réactivait dès leur remise en liberté, ou encore d'autres adultes prenaient la relève en leur absence et le manège des abus tournait inlassablement. Aujourd'hui, ces adultes sont à nouveau en liberté.

Le tableau de la page suivante permet de visualiser les interactions découvertes dans le réseau qui vient d'être décrit.

SCHÉMA D'UN RÉSEAU D'ABUS SEXUELS ET DE PROSTITUTION

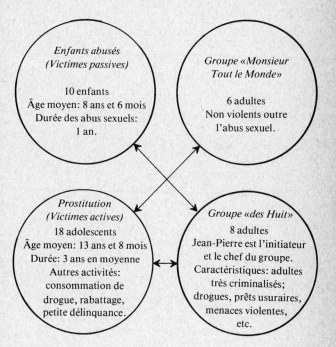

Enfants abusés
(Victimes passives)

10 enfants
Âge moyen: 8 ans et 6 mois
Durée des abus sexuels:
1 an.

Groupe «Monsieur
Tout le Monde»

6 adultes
Non violents outre
l'abus sexuel.

Prostitution
(Victimes actives)
18 adolescents
Âge moyen: 13 ans et 8 mois
Durée: 3 ans en moyenne
Autres activités:
consommation de
drogue, rabattage,
petite délinquance.

Groupe «des Huit»
8 adultes
Jean-Pierre est l'initiateur
et le chef du groupe.
Caractéristiques: adultes
très criminalisés;
drogues, prêts usuraires,
menaces violentes,
etc.

Illustrons maintenant ce parcours de l'abus sexuel à la prostitution, par le schéma suivant:

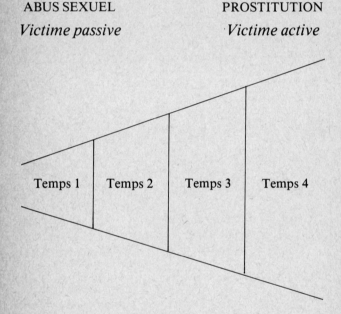

ABUS SEXUEL

Victime passive

PROSTITUTION

Victime active

Temps 1   Temps 2   Temps 3   Temps 4

TEMPS 1: L'enfant est abusé sexuellement par un ou plusieurs adultes. Il est une victime passive, en ce sens qu'il n'a pas été de lui-même vers l'adulte. Une précision: tous les enfants, filles ou garçons, abusés sexuellement, n'aboutissent pas nécessairement à la prostitution.

TEMPS 2: L'adulte présente à l'enfant des amis adultes. L'enfant a des relations sexuelles avec eux. Il ne se prostitue pas encore. Il reçoit des «cadeaux». Il demeure victime passive car c'est l'adulte abuseur qui lui présente ses amis et non lui-même qui recherche d'autres adultes.

TEMPS 3: Des adultes feront prendre conscience à l'enfant que c'est une façon rapide pour avoir de l'argent. L'enfant comprend aussi de plus en plus qu'il est «désirable». Il commence à être une victime active. Il identifie les endroits où il peut faire des passes. Le jeune commence à consommer de la drogue ou de l'alcool.

TEMPS 4: Le jeune élargit son rayon d'activité et son territoire. Il ou elle fera de la prostitution à l'extérieur de son quartier, mais aussi de plus en plus dans des endroits publics. Souvent, le jeune aura des clients réguliers et fera du rabattage d'autres jeunes, sur demande, pour des ex-clients. Il participe ainsi activement à sa propre victimisation et à celle d'autrui. Il s'enfonce dans d'autres activités de forme délinquante. À ce stade, il consomme beaucoup de drogue ou d'alcool et développe ou accentue d'autres difficultés: absentéisme scolaire prononcé ou abandon scolaire, rentrées tardives à la maison, fugues constantes du domicile familial, vols, etc.

Il est difficile de prévoir la durée de chaque étape. Cela peut varier de quelques mois à quelques années. Cependant, lorsque l'enfant franchit le temps deux, nous pouvons affirmer qu'il s'acheminera rapidement vers les temps trois et quatre. Il deviendra alors dysfonctionnel sur plusieurs aspects de sa vie familiale, scolaire, sociale, etc.

Le syndrome de Stockholm

Les problèmes rencontrés chez ces jeunes sont classiques. De prime abord jugées comme des indices de dépression, leurs dysfonctions nous sont apparues sous un nouveau jour au cours de notre pratique. Car l'enfant qui a évolué dans l'abus sexuel (victime passive) et la prostitution (victime active) est souvent aux prises avec ce qu'on appelle le syndrome de Stockholm. Ce syndrome se manifeste par une alliance plus ou moins marquée entre l'agresseur et sa victime, créant progressivement la peur, la méfiance et la colère à l'égard de toute personne représentant l'autorité extérieure[7]. L'agresseur utilise en effet souvent les techniques suivantes pour amener la victime à collaborer:

1- Faire peur;
2- isoler la victime;
3- torture (mentale ou physique);

---

7. OCHERG, F., *The Victim of Terrorism, dimension of victimisation in the content of terroristic acts.* Centre international de criminologie comparée, Université de Montréal, 1977.

4- destruction de l'estime de soi;
5- destruction des valeurs de l'autre;
6- destruction de l'espoir;
7- destruction des liens avec le monde extérieur et avec
   toute autre personne significative;
8- processus de «désinformation».

L'enfant victime d'abus sexuel est un otage. Il n'a souvent plus de lien significatif avec le monde extérieur; il s'identifie alors à l'agresseur et fait alliance avec lui, ne serait-ce que pour se protéger. La relation abusive, au départ, est «enveloppée» par l'adulte de confiance, d'amour, de gentillesse, de reconnaissance. Il est important de reconnaître cet élément avec l'enfant. Ce n'est que plus tard que l'abuseur utilisera la gamme de techniques énumérées précédemment.

Si on est en relation avec l'enfant et que l'on désire l'aider, il est vital, pour ce faire, de considérer l'ambivalence, la dualité de ses sentiments vis-à-vis l'abuseur, soit l'attachement et la crainte face à ce dernier. D'autant plus que le réseau de prostitution signifie, pour les jeunes, un milieu d'appartenance, de reconnaissance, qui viendrait répondre à leurs besoins.

Étant donné le niveau d'organisation d'un réseau, il est nécessaire, pour comprendre le phénomène, de le visualiser comme un tout. Le graphique qui suit, que nous intitulons «modus vivendi d'un réseau», nous fournit les repères pour y parvenir.

MODUS VIVENDI D'UN RÉSEAU

1. *Gains pour les adultes*

— Assouvir leurs besoins sexuels.
— Actualiser les modèles (abusifs) socio-sexuels et relationnels qu'ils ont appris ou développés.

2. *Gains pour les enfants*

— Matériels: bonbons, chips, liqueurs douces (pour les plus jeunes); argent, bijoux, cadeaux (pour les plus âgés).
— Réponses à leurs manques affectifs.
— Sentiment d'être reconnus, valorisés par des adultes.
— Sentiment d'appartenance à un groupe.

3. *Règles de fonctionnement d'un réseau*

— Dans un premier temps, attitudes de douceur et de compréhension face au jeune.
— Règle du silence, de loyauté, d'obéissance.
— Dans un deuxième temps, menaces et chantages lorsqu'une des règles est ou semble être en voie d'infraction.
— Soumission des enfants.
— Complicité: le groupe d'enfants est relativement solidaire.

4. *Rôles adoptés par les adultes abuseurs*

— Initiateur aux diverses activités du réseau. Dominants et exploiteurs avec les enfants, sous des dehors cependant parfois trompeurs.
— Ériger et voir au respect des règles; maintenir la cohésion du réseau.

5. *Rôles induits chez les enfants abusés*

— Soumission.
— Passivité.
— Passage de victime passive à victime active.
— Rabattage (chez les plus âgés).
— Participation aux diverses activités du réseau.

En guise de conclusion, qu'est-ce que l'étude de réseaux tels que celui qui vient d'être décrit nous apprend?

1. Plusieurs réseaux d'abus sexuels et de prostitution existent dans différents quartiers des villes et même dans des milieux ruraux ou semi-urbains. Par exemple, René et Paul, du groupe des adolescents dont nous avons précédemment parlé, rabattaient des plus jeunes pour des adultes dans d'autres quartiers.

2. Les réseaux sont dynamiques et se reconstituent même une fois démantelés. Par exemple, quatre adultes du «groupe des Huit» avaient déjà participé à des réseaux dans le même secteur.

3. La plupart des enfants qui se prostituent ont vécu d'abord un abus sexuel par un tiers, ou encore au sein de leur famille.

4. Ces enfants en viendront progressivement à la prostitution lorsqu'ils rencontreront, par l'intermédiaire du premier adulte abuseur, des amis de ce dernier.

5. À ce stade, les jeunes comprennent graduellement qu'ils peuvent avoir plus d'attentions et de gains matériels s'ils acceptent d'avoir des relations sexuelles avec les adultes.

6. Ils apprendront la première règle d'un réseau, celle que l'on saisit dans une relation abusive: le secret et le silence.

7. Un enfant qui se prostitue gravite souvent dans plus d'un réseau. Il s'adonnera à d'autres activités connexes: consommation de drogue, rabattage, pornographie, etc.

Un réseau n'est, pour ainsi dire, jamais démantelé. Les adultes abuseurs, même s'ils sont condamnés à l'emprisonnement, reproduiront souvent la même dynamique à leur sortie de prison. Ils ne sont guère traités adéquatement pour leurs problèmes. Au moment où ces lignes sont écrites, un adulte du réseau précédemment cité vient à nouveau de se faire arrêter pour agressions sexuelles...

L'existence de ces réseaux d'exploitation sexuelle constitue une triste et pénible réalité pour les enfants qui y sont pris au piège. Comment prévenir de nouveaux abus? Nous pensons que les interventions doivent s'orchestrer dans un esprit de concertation et de complémentarité. Il est nécessaire d'agir, à notre tour, en réseau de sensibilisation, de prévention, de détection, de traitement et de responsabilisation des abus sexuels.

L'adulte abuseur va chercher l'enfant dans ses différents milieux de vie (écoles, terrains de jeux, piscines, arcades, centres de loisirs, dépanneurs, etc.) et lui offre souvent — fût-ce en apparence — ce dont cet enfant manque: l'attention, l'argent, la reconnaissance de sa personnalité. Littéralement, l'adulte abuse d'une situation que chacun d'entre nous a contribué à créer: la vulnérabilité et la détresse des enfants. L'amélioration du sort des enfants sera l'ultime ressort contre les abus qu'ils subissent.

Les conséquences de la prostitution chez les jeunes

Les effets de la prostitution chez les jeunes[1] eux-mêmes sont souvent mésestimés. En voulant dédramatiser le phénomène, on l'a trop souvent banalisé. Or la prostitution n'est pas, comme certains l'affirment, un métier comme un autre. Notre corps, nos entrailles, nos fantasmes, notre sexualité sont ce que nous avons de plus intime. Pas possible de les vendre sur commande à des inconnus sans en ressentir les contrecoups. Et des contrecoups qui font mal, qui marquent profondément. Parmi les nombreux jeunes prostitués, garçons et filles, que j'ai rencontrés au cours des dernières années, aucun ne s'est sorti indemne de sa prostitution. Le passé ne s'efface pas. Tout au plus arrive-t-on à l'apprivoiser, à vivre avec et malgré lui. Bien sûr, les séquelles varient d'une personne à une autre. Chacun réagit différemment à son passage à travers la prostitution. Mais tous en ont souffert et, tôt ou tard, tous se sentent perdants. Un ressort en eux s'est cassé. La confiance, l'amour, la sexualité, la vie,

---

1. Sauf indication contraire, le terme «jeunes» désigne dans ce texte à la fois les garçons et les filles.

ne signifient plus la même chose. Pourquoi? C'est que que nous verrons dans ce chapitre.

Les considérations qui suivent sont le fruit de mes observations comme travailleur social ayant côtoyé durant plusieurs années ces jeunes. La majorité d'entre eux avaient entre 12 et 18 ans et s'adonnaient à une prostitution régulière. Au fil des années et des entrevues, certaines constantes me sont apparues. Je les ai regroupées ici en trois catégories: conséquences psychologiques, conséquences relationnelles et conséquences physiques.

Pourquoi insister sur les conséquences de la prostitution chez les jeunes? D'abord parce qu'il est nécessaire d'admettre les préjudices que la prostitution porte aux jeunes. Ensuite parce qu'il s'avère utile d'identifier certains symptômes pouvant dénoter la présence d'activités prostitutives chez des jeunes. Souvent c'est lorsqu'ils consultent des intervenants pour d'autres motifs que leur prostitution est révélée ou découverte. Enfin, parce qu'il importe de souligner les dimensions qui seront susceptibles d'être travaillées dans l'aide à leur apporter.

1. Les conséquences psychologiques

Désensibilisation de son affectivité et de sa sexualité

Lorsque la majorité des rapports physiques et sexuels que vous avez sont impersonnels, c'est-à-dire dénués de tout engagement des partenaires, la faculté d'entretenir un contact significatif avec autrui finit par s'amenuiser. À force d'entendre des mots d'affection — lorsqu'il y en a — qui ne veulent rien dire, à force d'accomplir des actes sexuels vides de sens pour eux-mêmes, les jeunes prostitués en arrivent à un certain désabusement affectif et sexuel. Ils ont eu des dizaines, parfois des centaines, de partenaires sexuels, mais ces contacts, loin de développer leur potentiel émotif et relationnel, l'ont sapé. Sans compter la brutalité et même la violence de certains clients, auxquelles ils doivent s'insensibiliser. Pour se protéger des déceptions amères, des attachements impossibles, voire des chocs émotifs, ils comprennent que le seul moyen de s'en sortir est de chloroformer leurs propres émotions et sentiments. Graduellement, leur affectivité et leur sexualité en souffrent, même lorsqu'ils vivent en dehors de la prostitution: comme vibrer face aux autres fait trop mal, ils s'efforcent de ne plus vibrer. Question de survie.

Repli sur soi

L'envers de la médaille est que le garçon ou la fille se referment petit à petit sur eux-mêmes. Leur solitude intérieure leur sert de rempart contre les agressions de l'extérieur.

Paradoxe: ces jeunes connaissent plein de gens, mais ces relations demeurent superficielles, sans engagement réciproque. Ils se retrouvent ultimement seuls avec leurs problèmes matériels et existentiels, seuls avec leur angoisse et leurs espoirs déçus. Cette solitude n'est pas tant physique que psychologique; elle est davantage subie que choisie. Dans le milieu impitoyable de la prostitution, les jeunes apprennent rapidement qu'ils ne peuvent faire confiance à personne. Ses problèmes et ses faiblesses, vaut mieux les garder pour soi. Ça intéresserait qui de toute façon? Lorsque la sensibilité et l'authenticité peuvent servir d'armes contre soi, il faut s'en méfier. Ce repli sur soi-même n'est pas facile à surmonter. Tel un bouclier protecteur, cette attitude a souvent protégé les jeunes durant les périodes où ils se prostituaient. Ils ne s'en déferont pas sans s'assurer qu'ils ne courent plus de risques.

Estime négative de soi

La baisse de l'estime de soi qu'on rencontre souvent chez ces jeunes peut sembler, à première vue, paradoxale. Ils se sont fait dire *ad nauseam* qu'ils étaient beaux, désirables, excitants, autant de compliments contribuant généralement à donner une image positive de soi. Mais voilà, ils réalisent que ces paroles creuses s'envolent aussitôt prononcées. Comment ne pas se rendre compte que tout ce que veut la majorité des clients, c'est uniquement du sexe? Beaucoup de jeunes finissent par se convaincre eux-mêmes qu'ils ne sont bons qu'à faire du sexe. Comment réagir autrement quand toute leur vie est axée autour du sexe payant? Sans cesse, ils doivent séduire, être performants sexuellement, en constante concurrence avec leurs semblables pour ramasser des clients. Comme ces derniers changent continuellement, les jeunes doivent toujours s'adapter à de nouvelles exigences. Être un beau morceau de viande, malléable et soumis. Et surtout n'être que cela.

De plus, la réprobation sociale à l'endroit de la prostitution contribue fortement à la détérioration de l'estime de soi des jeunes qui en font. D'autant plus que cette désapprobation a traditionnellement visé ceux et celles qui se prostituaient plutôt que leurs clients ou leurs souteneurs. L'insulte suprême pour une femme, n'est-ce pas de se faire traiter de *putain*? Et l'injure majeure pour un homme, de passer pour *tapette*, *suceux*, *enculé*, tous des qualificatifs associés à l'homosexualité? (Or la prostitution des garçons est de nature presque exclusivement homosexuelle.) Ce poids est lourd à porter pour des épaules adolescentes.

Difficultés au plan de son orientation sexuelle

Ici, des constantes différentes se dégagent du vécu des garçons et des filles.

Chez les garçons, il n'est pas rare de constater des

difficultés d'acceptation et d'intégration de leur homosexualité ou de leur bissexualité. Une des raisons de
cette réaction est la pauvreté des modèles transmis par
les clients, sinon la répulsion qu'ils inspirent. «Je me
tuerais plutôt que de devenir comme eux», m'a déjà dit
un jeune. Homosexualité et abus étaient, pour lui,
devenus synonymes, alors que tel n'est évidemment
pas le cas; mais quelles autres images que celles glanées
dans la prostitution pouvait-il en avoir? La stigmatisation sociale encore présente face à toute manifestation
d'homosexualité renforce ce type de réaction. L'homosexualité n'étant jamais présentée comme choix de
vie légitime, le jeune y accole presque automatique-
ment une connotation négative. Pour la plupart des
garçons, être un homme c'est ridiculiser l'homosexualité, et non pas la pratiquer... Cela dit, l'orientation
sexuelle des garçons, si l'on se fie à leurs propres fantasmes sexuels, n'est pas nécessairement homosexuelle. Beaucoup expriment plutôt une préférence
hétérosexuelle ou encore une certaine bissexualité.

Chez les filles, les conséquences au plan de
l'orientation sexuelle sont aussi marquées. On constate
fréquemment un rejet, qu'il soit transitoire ou perma-
nent, de l'hétérosexualité. Faut-il s'en surprendre lorsque la totalité ou presque des relations homme-femme
qu'elles ont connues étaient placées sous le signe de
l'exploitation, de la domination et de l'avilissement,
excluant de facto tout engagement affectif? Une chose
est claire: dans beaucoup de cas, l'adolescente a besoin
d'un temps d'arrêt et de réflexion avant de vivre des
expériences émotives avec un garçon. Et les premières

relations amoureuses hétérosexuelles qu'elle vivra ulté-
rieurement nécessiteront une période d'apprivoisement
mutuel. Ne serait-ce qu'afin de ne pas réveiller les trau-
matismes et reproduire les images du passé. Celles qui
manifestent une orientation homosexuelle ou bis-
sexuelle expriment parfois aussi une difficulté à ne pas
reproduire les rapports inégalitaires qu'elles ont connus.

Dépression suicidaire

Déçus dans leurs espoirs initiaux, désillusionnés
du monde adulte et de la nature humaine, il n'est pas
exceptionnel que ces jeunes deviennent très dépressifs,
parfois même suicidaires. Ils ont perdu confiance en
eux-mêmes et en les autres, ils ne voient plus de solution à leur dépendance à l'alcool et la drogue, aux
pressions constantes du milieu, à l'absence de personnes significatives dans leur vie, au vide devant lequel ils
sont placés quant à leur avenir. Certains ont l'impression qu'il n'existe plus d'autre solution que d'en finir
avec la vie. Cette période de dépression est d'ailleurs
souvent un moment critique pour leur offrir de l'aide.
Ayant le sentiment qu'ils n'ont plus rien à perdre, ils se
montreront alors parfois plus disponibles à être aidés.
À condition, bien sûr, que cette aide soit offerte à
temps. Plus d'une fois j'ai vu des jeunes recontacter un
intervenant social des mois, voire des années après que
celui-ci les ait perdus de vue et lui déclarer: «Maintenant je suis prêt.» C'est souvent lors des moments de
grande déprime qu'ils se souviendront que quelqu'un
quelque part leur avait déjà laissé une porte ouverte.

Les raccrocher à la vie n'est pas facile. Plusieurs de ces jeunes vous parleront d'un(e) ami(e) ou d'une connaissance qui s'est suicidé(e): c'est pour eux un des risques du métier.

2. Les conséquences relationnelles

Désengagement dans ses relations avec autrui

À mesure que leurs activités de prostitution prennent de l'ampleur, un grand nombre de jeunes mettent un terme à leurs relations avec autrui, y compris avec les personnes les plus significatives pour eux (fratrie, parents, amis, etc.). Leurs relations avec les autres se limitent de plus en plus à des relations fortuites, utilitaires, superficielles. Encore là, c'est une façon de se protéger contre le mensonge et l'exploitation du milieu de la prostitution ou encore contre la stigmatisation et le rejet de leur environnement familial. Mensonge des clients qui, une fois satisfaits, se fichent éperdument de vous. Exploitation du milieu, qu'il s'agisse des proxénètes, des tenanciers de réseaux, des vendeurs de drogues, des shylocks, etc. Tout ce beau monde vous veut supposément du bien mais tous finissent par vous avoir. Stigmatisation ou rejet, trop souvent, de la famille ou du milieu d'origine qui, lorsque informés de vos activités clandestines, trouvent plus commode de juger que de comprendre. Ce rejet n'est souvent qu'une façon de fuir leurs sentiments d'inconfort ou de culpabilité. Il produit néanmoins les mêmes conséquences. Comment se surprendre dès lors que le jeune se dise en son for intérieur: «À quoi bon m'attacher aux autres puisque je finis toujours par être déçu et par souffrir?»

Perte de confiance dans le monde adulte

Le fait de se sentir régulièrement trompé, abusé ou abandonné par les adultes peut aisément mener à un rejet réciproque de ces derniers. Or les abus et les abandons font partie du quotidien des jeunes qui se prostituent, d'autant plus que la majorité d'entre eux ont été abusés ou abandonnés dès l'enfance. La grande difficulté à amorcer une relation de confiance avec ces jeunes a d'ailleurs été constatée par nombre d'intervenants. Rien de surprenant là-dedans: les intervenants sont aussi des adultes, donc des menteurs, des abuseurs et même des accusateurs possibles. À eux de faire la preuve de leur bonne volonté et de leur honnêteté. La confiance, ça se mérite. Il importe donc de consacrer tout le temps nécessaire à établir une relation de confiance. Tous les adultes que côtoient ces jeunes auront d'ailleurs à relever le même défi: prouver qu'ils sont corrects avec eux. Beaucoup de jeunes n'hésiteront pas à tester leur bonne volonté, tentant ainsi de confirmer leur certitude que tout adulte est exploiteur ou rejetant.

Remplacement de la relation avec autrui

Après ces constatations, comment se surprendre que drogue, alcool, argent, biens matériels ou même sexualité compulsive soient substitués à la relation avec

autrui? En vertu de leurs effets désinhibants et eupho-
risants, drogues et alcool jouent souvent un rôle de
soutien déterminant dans la vie des jeunes qui se prostituent. L'un d'entre eux me confiait: «La drogue a
remplacé l'affection pour moi. Car je sais que la drogue, contrairement à l'amour, ne me déçoit jamais.»
La fuite dans une sexualité compulsive, lorsque tel est
le cas, répond paradoxalement à un mécanisme de survie: avoir le plus de sexualité possible avec n'importe
qui c'est nier à la sexualité son caractère intime et c'est
aussi tenter d'en exorciser les conséquences: «La
sexualité y'a rien là. La preuve est que j'en ai avec tout
le monde sans problèmes.»

Rejet (anticipé ou réel) de la part du milieu d'origine

La famille, l'école, les amis, réagissent rarement
sans heurts à la révélation de la prostitution d'un pro-
che. Les parents se sentent coupables ou encore démis-
sionnent de leur responsabilité (quand ce n'est pas déjà
fait). L'école panique: on craint que la mauvaise
pomme ne pourrisse les autres! Les amis ne comprennent
pas toujours, car les préjugés de toutes sortes
quant à la moralité de ceux et celles qui se prostituent
ont la vie longue. Même si la sensibilisation publique
tend à améliorer les choses, le rejet appréhendé ou res-
senti par le garçon ou la fille dont la prostitution est
découverte l'incite trop souvent à s'enfoncer davantage dans le milieu de la prostitution plutôt que d'affronter le blâme public.

Substitution d'un système d'exploitation au système relationnel

Il s'agit là d'une des conséquences les plus insidieuses affectant les relations sociales de ces jeunes. Comme les personnes qui les entourent sont, principalement, les clients qui tentent d'obtenir le plus possible d'eux en payant le moins possible, les pairs avec lesquels ils sont en concurrence, les vendeurs de drogues qui engloutissent tous les gains réalisés, et les souteneurs qui, lorsqu'ils sont dans le tableau, prennent tout ce qui reste, la logique du «chacun pour soi» devient la règle de survie dans ce milieu. Aussi, le jeune apprend à considérer tous ses rapports avec autrui selon un système de référence de type gagnant/perdant, exploiteur/exploité. S'il ne veut pas s'identifier à l'exploité, il doit être l'exploiteur. La loi de la jungle qui prévaut n'offre guère d'autre alternative. Certains intervenants vous diront que ces jeunes ont hautement cultivé l'art du mensonge et de la manipulation. Mais comment auraient-ils fait pour survivre s'il en eût été autrement?

Par ailleurs, il arrive parfois que des jeunes reproduisent dans leur propre sexualité les rapports d'exploitation et de domination qu'ils ont connus dans la prostitution. Je pense, par exemple, au cas d'un adolescent qui, avec une partie de l'argent qu'il venait de gagner avec un client, allait à son tour se payer un plus jeune... Attention, cependant: il ne faudrait pas croire qu'une telle réaction est majoritaire. Que certains jeunes abusés deviennent à leur tour abuseurs ne signifie nullement que tous les jeunes abusés développent des comportements similaires. Au contraire, dégoûtés par ce qu'ils ont vécu, beaucoup ont la réaction opposée, allant jusqu'à s'abstenir durant un certain temps de rapports sexuels.

3. Les conséquences physiques

Dépendance aux drogues et à l'alcool

Les jeunes eux-mêmes l'affirment: peu d'entre eux réussissent à se prostituer régulièrement sans le secours de la drogue ou de l'alcool. Comment subir l'insécurité du métier, l'attitude des clients, la culpabilité ou le rejet, sans chercher à adoucir, voire à fuir intérieurement la réalité? Les effets désinhibants des drogues et alcools deviennent généralement nécessaires pour supporter des relations sexuelles non choisies et impersonnelles avec des inconnus. Combien d'entre nous réagiraient autrement? Il y a d'ailleurs fréquemment escalade dans la quantité et la puissance des drogues consommées à mesure que la prostitution se poursuit. Plus le fardeau devient lourd à porter, plus l'insensibilisation pour continuer et l'étourdissement pour oublier doivent être prononcés.

La dépendance qui en résulte est souvent la pierre d'achoppement pour le jeune qui tente de se sortir de la prostitution. Peu de garçons et de filles aiment se prostituer, mais peu d'entre eux sont prêts à cesser leur consommation de drogues. Alors le cercle vicieux se poursuit: ils se droguent pour oublier les conditions du métier et se prostituent pour continuer à se procurer la drogue devenue indispensable. Souvent, une désintoxication s'avère nécessaire pour briser cette dépendance qui, à leur corps défendant, les rend esclaves de la prostitution.

Exposition aux MTS

Il s'agit sans doute là de la conséquence physique la plus reconnue concernant la prostitution. Le manque d'information, de prévention et de suivi médical chez la plupart des jeunes augmente considérablement leur vulnérabilité à des infections telles que la gonorrhée, la chlamidiose, l'hépatite B, la syphilis, l'herpès génital et le SIDA.

L'usage du condom par le client est de plus en plus exigé par les prostituées adultes. Mais comment les jeunes pourraient-ils imposer cette pratique? Leur vulnérabilité sociale, psychologique et physique face aux clients multiplie les risques qu'ils encourent. À l'heure où certains puritains entendent empêcher l'éducation sexuelle et la publicité préventive au sujet des MTS et du SIDA, des jeunes paient très cher pour l'ignorance dans laquelle on les maintient. Malheureusement, leur sexualité n'est reconnue par certains adultes que lorsqu'il s'agit d'en abuser...

Vieillissement précoce

Surmenage, rythme de vie irrégulier, drogues et alcool, mauvais régime alimentaire et parfois malnutrition, soins de santé déficients ou inexistants, stress

répétés, voire brutalité des clients, voilà autant de facteurs qui malmènent et usent prématurément la condition physique de ces jeunes. Car la prostitution est un
métier exigeant. Sans chômage ni vacances, la jeunesse
se détériore plus vite qu'on ne le croit. Certains vous
diront qu'à 17 ou 18 ans ils arrêtent parce qu'ils sont
physiquement brûlés!

Grossesses non désirées

Cet item est évidemment spécifique aux filles.
Comme on s'en doute, la contraception est le dernier
souci de leurs clients. Lorsque le condom est utilisé par
ces derniers, c'est plutôt pour se protéger eux-mêmes
d'éventuelles MTS.

Même si on a l'impression que l'information en
matière de contraception circule davantage aujour-
d'hui, beaucoup d'adolescentes demeurent peu ou mal
renseignées sur ce sujet ou n'osent pas requérir les services pertinents. Il est d'ailleurs remarquable que peu
d'entre elles aient reçu une éducation sexuelle minima-
les, qui leur permette au moins de connaître le fonctionnement de leur corps. Elles n'en sont que plus vic-
timisées encore par l'abus et la prostitution.

Insécurité matérielle

«Argent vite gagné, vite dépensé», vous diront ces
jeunes. On constate en effet que les conditions de vie
précaires des prostitués des deux sexes non seulement
ne s'améliorent pas avec le temps, mais périclitent à
mesure qu'ils s'insèrent dans le milieu. À elle seule la

drogue engloutit souvent la majeure partie de leurs gains. Et encore, certains avouent ne pouvoir cesser la prostitution en raison de leurs dettes de drogues. Les dizaines, les centaines de dollars qu'ils gagnent chaque semaine ne suffisent même pas à payer leur énorme consommation!

Comme on le voit, l'existence menée par les jeunes prostitués laisse fréquemment des marques indélébiles. Elle sape ce qu'ils ont de plus précieux: leur intégrité morale et physique. Pour des dollars, de l'aventure et des semblants d'affection, garçons et filles se retrouvent bientôt pris au piège. Et, même s'ils finissent par en sortir, ils ne seront plus jamais les mêmes. Ils ont perdu cette flamme fragile mais essentielle qu'est la foi en la nature humaine. Car ils en ont connu les aspects les plus sordides.

Une bien vieille histoire

L a prostitution a une histoire. S'y entrelacent la grande et la petite histoire, la longue durée et l'anecdote. Rappeler, dans leurs lignes directrices, les origines et les développements de la prostitution des jeunes, c'est en mieux saisir les enjeux. C'est peut-être aussi comprendre davantage afin de mieux intervenir, le cas échéant.

J'ai choisi d'analyser ici la prostitution comme un phénomène social. Cette perspective a trop longtemps été absente des discours tenus sur le sujet. Traditionnellement, on ne s'est arrêté qu'à la dimension individuelle du phénomène, ce qui a eu pour fâcheuse conséquence de faire de la prostitution une affaire de moralité personnelle, d'équilibre psychique ou de délinquance. Resituée dans le contexte culturel qui l'a vu naître et qui la produit, la prostitution des jeunes revêt un tout autre aspect.

Esquisser une histoire de la prostitution sans faire constamment référence à ses liens étroits avec l'histoire de l'humanité et de sa culture, ses mœurs, ses croyances et sa sexualité m'est apparu impossible. Aussi concevra-t-on ces rappels historiques non pas comme des disgressions mais plutôt comme un fil conducteur indiquant les événements clés et les évolutions significatives.

Enfin, on remarquera que j'associe souvent prostitution des femmes et prostitution des jeunes, garçons et filles. C'est qu'elles ont été historiquement liées. J'expliquerai d'ailleurs comment et pourquoi.

Du troc à la prostitution sacrée

Si parmi les documents les plus anciens on en trouve qui parlent de prostitution, il faut bien comprendre que l'histoire écrite ne se confond pas avec l'histoire humaine, beaucoup plus ancienne. Que certaines formes de prostitution aient existé dès la préhistoire paraît probable. Découvrant combien les rapports sexuels sont une activité agréable donc recherchée, il est vraisemblable que nos lointains ancêtres en aient parfois fait un objet de troc. En effet, l'échange de services sexuels en retour de services matériels ne date pas d'hier. Qu'il s'agisse de femmes échangeant des activités sexuelles contre de la nourriture supplémentaire pour leurs jeunes enfants et pour la protection de ceux-ci par d'autres membres du clan; qu'il s'agisse d'hommes échangeant leurs faveurs pour se prémunir contre certains membres dominants du clan; qu'il s'agisse de jeunes offrant leurs charmes en échange de la protection d'adultes; ce ne sont là que quelques exemples de troc utilisant la sexualité. La vie nomade et précaire d'alors ne laisse pas le choix. Une chose est cependant certaine: dès le départ la prostitution a été liée au pouvoir ou à la domination. Ceci dit, on ne peut pas encore parler de la prostitution comme métier, c'est-à-dire comme activité permanente et spécialisée. Celle-ci n'apparaîtra qu'avec les sociétés organisées, qu'on appelle civilisations. Voyons comment.

À mesure que les populations humaines augmentaient, la sédentarisation devint nécessaire; lorsqu'un territoire est peu peuplé, on trouve toujours, en se déplaçant, de nouvelles sources de nourriture. Mais lorsque la densité de population s'accroît, la recherche de nouvelles sources de nourriture devient problématique. Chaque clan cherche donc à s'établir dans un territoire bien à lui (notion de propriété collective) et à domestiquer la nature qui le nourrit (naissance de l'agriculture et de la domestication des animaux). À mesure qu'ils percent le secret de la reproduction végétale et animale, les humains appliquent leur découverte à leur propre espèce. Le lien entre accouplement hétérosexuel et enfantement est ainsi établi. Il donne naissance à une réalité nouvelle: la paternité. N'était connue jusqu'alors que la filiation maternelle. Parallèlement, le développement des techniques d'agriculture et d'élevage vont bientôt rendre possible la production d'excédents alimentaires qui pourront être échangés contre d'autres biens en provenance de clans voisins (origine du commerce) et ainsi permettre d'amasser des biens (propriété privée) éventuellement légués à ses descendants (héritage). En quoi cela concerne-t-il la prostitution? En ce que ces changements vont modeler différemment les rapports existant entre les hommes, les femmes et les enfants.

Pendant toute la période où les groupes humains furent nomades et la maternité seule source de parenté reconnue, les femmes cimentaient la communauté. Elles constituaient en effet le noyau le plus stable du clan, ayant des liens à l'intérieur de celui-ci à la fois comme filles et comme mères. La paternité n'étant pas encore découverte, les hommes n'étaient que des fils. La faculté des femmes d'engendrer la vie était source d'émerveillement et de vénération. Aussi, les premières divinités imaginées par les humains furent féminines. Mais les développements de la civilisation dont j'ai fait précédemment état vont transformer ce tableau. D'abord parce que, avec la reconnaissance de la paternité, naît la famille à l'intérieur des clans traditionnels. Ensuite parce que l'homme, désormais conscient de son rôle dans la reproduction, acquiert du pouvoir sur ses enfants. La notion de propriété privée puis la possibilité de léguer des biens désormais accumulables s'étant développées, la nouvelle codification des rapports humains retient de plus en plus la filiation paternelle au détriment de la filiation maternelle. L'autorité de l'homme s'accroît sensiblement, en particulier celle du père sur son patrimoine familial, biens et personnes y compris. D'où le pouvoir ultérieur des hommes sur les femmes et sur les enfants, les siens d'abord puis, par extension, ceux de ses semblables.

Rendre leurs animaux, leur terre ou leur propre semence fertiles, voilà ce que les hommes attendent maintenant des divinités féminines. Un moyen d'entrer en contact avec elles et de profiter de leurs bienfaits sera de faire de certaines femmes et jeunes filles (auxquelles

s'ajoutent parfois des garçons[1]) les intercesseurs ter-
restres des divinités. Avoir des relations sexuelles avec
elles contre rétribution (représentant l'offrande à la
divinité) aura valeur d'acte symbolique. La prostitution sacrée, forme de prostitution qui dominera durant
toute l'Antiquité, voit ainsi le jour.

De la prostitution sacrée à la prostitution profane

Presque toutes les religions antiques connurent la
prostitution sacrée. Remplissant un rôle apparenté à
celui des prêtres et des prêtresses (desquels elles dépen-
dent souvent), les prostituées étaient reconnues, res-
pectées et même valorisées. Si la majorité était des
femmes, on retrouvait aussi de nombreuses adolescentes et même des adolescents. Dans les temples et à leur
périphérie, tous se tenaient à la disposition de ceux qui
venaient communiquer avec les divinités.

Pour comprendre le passage graduel en Occident
de la prostitution sacrée à la prostitution profane, il
convient d'invoquer trois phénomènes historiques:
l'esclavage, l'essor de la religion judéo-chrétienne, et le
développement de la famille patriarcale.

---

1. Il semble bien que les relations sexuelles des hommes avec des
garçons aient, en partie du moins, transité par une homosexualité de
type initiatique ou pédagogique. Voir à ce sujet l'ouvrage de Ber-
nard Sergent, *L'Homosexualité initiatique dans l'Europe ancienne,*
Payot, 1986.

L'esclavage s'est répandu en même temps que les notions de production et de propriété privée. À partir du moment où des groupes humains se rendirent compte qu'au lieu de tuer ou même de manger leurs ennemis, ils pouvaient exploiter leurs habiletés tant physiques qu'intellectuelles, le travail de ces prisonniers devint plus précieux que leur mort. Mais encore fallait-il que ce travail soit concevable et qu'il s'inscrive dans une logique de rentabilité. Qu'il s'agisse de prisonniers de guerre et de leur descendance, de victimes de rapts, d'enfants vendus par leurs parents ou d'adultes versés en tribut par leur chef, les esclaves forment une main-d'œuvre abondante durant l'Antiquité. Propriétés de leurs maîtres, leur tâche consiste à travailler sans rétribution au profit de ceux-ci. Outre le travail physique et parfois intellectuel, les esclaves étaient aussi utilisés à des fins sexuelles. L'exemple venait de haut: l'empereur romain Commode disposait de trois cents femmes et de trois cents jeunes hommes, tous ses esclaves, disponibles en tout temps pour satisfaire ses appétits sexuels. On sait aussi que, dans plusieurs maisons, les jeunes esclaves des deux sexes devaient se plier aux exigences sexuelles des maîtres et de leurs proches. Parallèlement à la prostitution sacrée, s'est ainsi développée l'idée que des personnes pouvaient avoir pour fonction principale ou accessoire de satisfaire les besoins sexuels d'autres personnes, cela en dehors de tout contexte religieux et de leurs propres désirs.

Établie et valorisée pendant longtemps en invo-

quant des motifs religieux, la prostitution devint paradoxalement une faute pour des motifs du même ordre.
Pour comprendre cette transformation, il faut remon-
ter aux racines de la religion judéo-chrétienne. Le peu-
ple hébreu imposa une morale particulière à mesure
qu'il développa sa religion monothéiste et qu'il dut,
pour préserver son intégrité, se soustraire à l'influence
des peuples plus puissants qui l'entouraient. La prostitution sacrée étant liée aux cultes païens qu'elle rejetait, la religion judaïque en fit donc une faute morale.
Comme elle était assimilée aux pratiques d'idolâtrie,
c'était moins l'aspect sexuel de la prostitution que son
caractère païen qui suscitait le mépris. Les lois adop-
tées pour combattre la prostitution nous en apprennent cependant beaucoup sur les conséquences d'un
patriarcat alors triomphant: pour un homme, avoir
affaire avec une prostituée était une faute légère, une
peccadille (surtout si cette prostituée n'était pas juive),
alors que toute femme coupable d'adultère ou de prostitution était sévèrement dénoncée et punie (la lapida-
tion étant la peine courante). Dans ces premières tenta-
tives pour combattre la prostitution, on retrouve donc
le principe des deux poids deux mesures qui caractéri-
sera l'attitude occidentale ultérieure; étant les seules à
être harcelées et condamnées, les prostituées seront
seules à porter la responsabilité de la prostitution. La
chrétienté sera en cela fidèle à ses origines.

Enfin, la consolidation du modèle familial
patriarcal contribuera, à sa façon, à l'expansion de la
prostitution profane. En effet, à mesure que le mari et

le père prennent du pouvoir sur leur famille, la mono-
gamie devint majoritaire et le libertinage sexuel com-
battu. Aussi, s'avère-t-il nécessaire pour les chefs de
famille de préserver femmes et enfants de la concupis-
cence des autres hommes. La guerre, le commerce et
les voyages amenant de plus en plus les hommes à se
déplacer, on conçut des bordels publics où soldats,
marins et voyageurs pouvaient se satisfaire sans
inquiéter les autres femmes et les autres jeunes de la
communauté. La prostitution sacrée ne pouvait répondre à cette nouvelle demande, car les étrangers adhé-
raient souvent à des religions différentes. De plus, il
semble que la seule prostitution sacrée, initialement
pratiquée dans un autre contexte, se soit montrée
inapte à endiguer la demande sexuelle générée par les
déplacements de populations masculines. L'établissement de maisons de prostitution sert donc, théorique-
ment du moins, à protéger femmes et enfants légitimes
en en sacrifiant quelques-unes et quelques-uns. Dès
lors cependant, ces prostituées ne recevront plus la
considération jadis réservée à leurs consœurs sacrées,
mais composeront plutôt une classe à part, généralement peu estimée. Rien de surprenant à ce qu'on les
recrute chez les esclaves, les affranchis et les plus pau-
vres, pour lesquels les choix de vie sont plutôt res-
treints.

De la morale au contrôle

Lorsque le christianisme s'installe en Occident comme religion d'État, le statut de la prostitution va changer. Le métier de prostituée, bien que peu estimé, ne fut pas moins officiellement reconnu dans l'empire romain jusqu'au Ve siècle. L'État percevait d'ailleurs une taxe spéciale sur cette activité. Un siècle plus tard, cette taxe n'existe plus et la prostitution, bien que légale, fait l'objet d'un contrôle croissant. Cette attitude ambiguë perdurera durant toute la période médiévale. Elle prend racine dans la position de l'Église face à la prostitution.

Les deux penseurs de la morale chrétienne que furent saint Augustin et saint Thomas d'Aquin illustrent bien dans leur discours l'ambivalence de l'Église à l'égard de la prostitution. Saint Augustin met en garde: «Supprimez la prostitution et la dépravation se répandra à travers toute la société.» Saint Thomas d'Aquin reprend le raisonnement de façon encore plus imagée en comparant la prostitution à l'égoût d'un palais: enlevez l'égoût et le palais sera bientôt rempli d'immondices. La prostitution est donc vue comme le moindre de deux maux. Ceci n'empêchera pas les législations tant canoniques que civiles (ces dernières étant souvent le reflet des précédentes) de faire montre d'une sévérité croissante envers les prostituées, identifiées comme source de débauche.

La prostitution deviendra ainsi un péché de plus en plus grave et sévèrement puni. Quelques siècles plus tard, lorsque les scientifiques prendront la relève des prêtres dans la définition des comportements souhaitables ou intolérables, la prostitution deviendra, outre un péché et même un délit séculier, un problème psychologique individuel. Mais attention : un problème appartenant aux prostituées !

Avant de quitter cette Europe du Moyen Âge, parlons brièvement des maisons de prostitution de l'époque. Mal jugé nécessaire, la prostitution fleurit dans les villes alors en plein essor. Les bordels municipaux font parfois l'orgueil des notables ; aussi, y mène-t-on en grande pompe les visiteurs de marque. Héritage romain, les bains publics servent de lieux de rencontres entre prostituées et clients potentiels. La lutte aux maladies vénériennes, dont les épidémies ravagent le Moyen Âge à partir de la fin du XVe siècle, fera fermer bains et bordels publics. Mais, plus encore, l'injonction croissante faite aux chrétiens d'ajuster leurs comportements à leurs croyances incite à une dissimulation des activités de prostitution. Cachons ce sein que l'on ne saurait voir...

La fin du XVe et le XVIe siècle sont fertiles d'événements significatifs dans l'évolution des mœurs occidentales. Les impérialismes politique (colonisation) et culturel (morale dite bourgeoise) qui se développent alors sont intimement liés. Lorsque les Européens colonisent une contrée, ils y exportent en bloc culture et morale dominantes de la mère patrie. Nos lointaines ancêtres, les filles du Roy (que plusieurs historiens ont prétendu être des prostituées recyclées en jeunes filles à marier) ne venaient-elles pas mettre de l'ordre dans la vie aventureuse des hommes célibataires de Nouvelle-

France? Et inciter les hommes d'ici à fonder famille et descendance? La morale officielle s'apparente donc de plus en plus au mode de vie de la classe bourgeoise montante. Pourquoi? Tout simplement parce que, enrichie par le commerce en plein essor, celle-ci a déjà commencé à imposer ses valeurs à l'ensemble de la société et parce que son système de valeurs trouve de bonnes assises à la fois dans la religion traditionnelle et dans les sciences naissantes. En effet, la morale bourgeoise se caractérise par un individualisme non seulement économique mais corporel (gêne de la nudité, pudeur, préoccupation hygiénique, etc.), un attachement aux valeurs familiales garantes de sa perpétuation (mariage, fidélité, descendance, etc.), et un dédain puritain pour ce qui ne rencontre pas ses préceptes. D'autre part, un fort prosélytisme l'anime et la pousse à implanter ses valeurs et comportements chez les autres classes de la société. L'instrument pour ce faire sera, outre l'État et l'Église, ce nouvel outil qu'est la science. La prétention scientifique d'accès à la vérité ne rencontre-t-elle pas la prétention bourgeoise à la civilité et à la bonne moralité? Médecins, puis hygiénistes, psychiatres et compagnie seront plus souvent qu'à leur tour les propagateurs d'un mode de vie moral, aseptisé, normal. On en imagine sans peine les conséquences sur la vie sexuelle, et notamment sur la prostitution.

Déjà accusée d'immoralité, la prostitution sera désormais entachée d'anormalité. Qu'une personne apporte du plaisir à une autre en dehors des exigences d'exclusivité, de fidélité, de décence et de procréation est perçu comme une aberration. Aussi, les causes de la prostitution sont recherchées chez les prostituées elles-mêmes et l'intervention policière et médico-légale dirigée contre elles. Dès la fin du XVIIIe et le début du XIXe siècle, la lutte aux maladies vénériennes est à nouveau invoquée, cette fois pour installer des systèmes dits préventifs de contrôle policier et d'inspection médicale des prostituées. Il semble toutefois que ces mesures n'eurent pas d'autres résultats que de stigmatiser davantage les prostituées, l'impact sur la diminution des maladies vénériennes n'ayant guère été concluant.

Ces velléités de contrôle accru sur la prostitution se produisent à un moment où la révolution industrielle provoque un nouvel essor des villes et où la prostitution peut apparaître comme une alternative au travail harassant dans les usines ou les mines de l'époque. Quand on songe aux conditions de travail inhumaines alors souvent réservées aux femmes et aux enfants qui travaillent, on n'est guère surpris que, esclavage pour esclavage, la prostitution ait pu représenter pour certains une issue plus tolérable. En 1885, afin précisément d'illustrer ce fait, un journaliste britannique acheta littéralement une adolescente de treize ans à ses parents dans le cadre d'un reportage sur la traite et la prostitution des femmes et des enfants. Le scandale fut énorme mais le but atteint: sensibiliser une opinion publique très réticente à admettre ces réalités.

Quoi qu'il en soit, les conditions socio-économiques d'émergence de la prostitution chez les femmes et les enfants sont mises de côté par la majorité des spécialistes qui se penchent alors sur les causes de la prostitution. À la fin du siècle dernier, le docteur Lombroso fut l'un des pionniers de l'approche psychopathologique en ce domaine, grâce à sa notion de criminels-nés et de prostituées-nées. Sa position, qui allait sous divers aménagements être largement reprise par la suite, il la résume en ces termes:

> «L'identité psychologique aussi bien qu'anatomique du criminel-né et de la prostituée-née ne saurait être plus complète; tous deux sont identiques au fou moral et par la suite, selon l'axiome mathématique, identiques entre eux. On constata le même manque de sens moral, la même dureté de cœur, le même goût précoce pour le mal, la même indifférence pour l'infamie sociale, la même inconstance, l'amour de la paresse, le manque de prévoyance, le même goût des plaisirs faciles de l'orgie et de l'alcool, la même vanité ou presque [...] La prostituée est donc, psychologiquement, une criminelle; si elle ne commet pas de crimes proprement dits, c'est à cause de sa faiblesse physique, de sa faible intelligence, de sa facilité à acquérir ce qu'elle désire par des moyens plus simples [...][2]»

2. Ce passage de Lombroso est cité par Havelock Ellis dans *La Prostitution, ses causes, ses remèdes*. Il s'agit d'un extrait de *La donna delinquente*, livre publié en 1893 par Lombroso et Ferrero.

On comprendra sans peine combien de telles affirmations allaient servir à légitimer toutes sortes de traitements préjudiciables, allant du harcèlement policier à la vindicte populaire, en passant par l'enfermement psychiatrique ou pénal présumé thérapeutique.

Des témoignages datant du siècle dernier confirment l'existence, dans les grandes villes nord-américaines, de bordels de filles et de garçons dont certains n'ont que dix à douze ans. C'est que le phénomène des fugueurs et l'éclatement de la famille, tous deux encouragés par l'urbanisation accélérée et la pauvreté, alimentent en recrues les réseaux de prostitution. Parallèlement, la demande s'accroît sur le marché du sexe. En effet, aux relations personnalisées et hiérarchisées de la société rurale, la société urbaine oppose des relations impersonnelles, anonymes. La déshumanisation des rapports sociaux qui s'ensuit mène à un appauvrissement du système relationnel, c'est-à-dire de la faculté des individus d'être en relations significatives avec autrui, produisant un accroissement vraisemblable de la frustration affective et sexuelle. L'hypocrite morale victorienne permet au marché de la prostitution de se développer clandestinement, en mettant le sexe au ban de la bonne société. Vertus publiques, vices privés. On sait aujourd'hui que le propre fils de la reine Victoria, le duc de Clarence, fut lui-même impliqué jusqu'au cou dans un réseau de prostitution masculine utilisant de très jeunes employés des postes britanniques. Mais l'affaire fut étouffée et la morale officielle sauvegardée.

Une sexualité de consommation

Le développement de la société de consommation ne fut pas sans effet sur la prostitution moderne. Ne serait-ce qu'en lui insufflant sa logique. En définitive, qu'est-ce que la prostitution moderne, en particulier celle des jeunes, sinon un marchandage, une exploitation de la rareté sexuelle à travers l'échange de services sexuels contre des biens non sexuels? L'offre, ou la marchandise offerte, c'est la jeunesse, la soumission, la beauté et la sexualité performante. La demande provient d'adultes aux fantasmes et aux désirs d'autant plus frustrés que l'attrait de la jeunesse est continuellement vanté par les médias, la publicité, les films et revues érotiques. La prostitution table non seulement sur les frustrations, petites et grandes, des clients, mais encore sur l'attrait du fruit défendu (qui a joué un rôle indéniable dans l'érotisme occidental, tel que l'ont démontré de nombreux philosophes et historiens[3]). Le sujet de désir est alors transformé en objet de plaisir, en marchandise à utiliser à sa guise et à jeter après usage.

Quant à la soi-disant libération sexuelle des trente dernières années, elle n'aura souvent été que libération de la consommation et de l'exploitation du sexe[4]. La prostitution des jeunes ne représente, en fait, qu'un

---

3. Consulter à ce sujet la bibliographie annexée à ce texte.
4. J'ai développé ce thème dans *Les Lendemains de la révolution sexuelle*, éditions Prétexte, Montréal, 1986.

secteur du lucratif marché de la sexualité. Nulle sur-
prise de la voir fréquemment reliée à la production de
pornographie, à l'exploitation commerciale de la
nudité (danse nue) et même au marché de la drogue
(aux prétendues vertus désinhibantes et excitantes). La
prostitution fait partie d'un système où frustrations et
misères des uns et des autres sont exploitées et rentabi-
lisées. Miroir aux alouettes pour les jeunes en recherche d'argent, de fuite, d'attention, ou de milieu d'appartenance; exutoire pour les clients endoctrinés par
les valeurs de comsommation, de domination et de
performance sexuelle: la prostitution table sur le mal
d'être des jeunes et des adultes. Par ailleurs, les jeunes
— et en particulier les enfants — sont des victimes
idéales puisque vulnérables physiquement ou psychologiquement et conditionnés à obéir aux adultes. Le
relâchement croissant des liens familiaux, sans que des
alternatives viables émergent clairement, amène beaucoup de jeunes à se tourner — fût-ce momentanément
— vers d'autres adultes pour trouver satisfaction à
leurs besoins primaires. Ces enfants sont une aubaine
pour les abuseurs. Car tout ce qu'ils ont comme monnaie d'échange, c'est leur corps et leur ingénuité. Ils
paient donc en nature.

Plus encore, le phénomène de la prostitution des
jeunes s'internationalise. Le tiers monde est devenu un
vaste harem pour riches occidentaux en mal de plaisirs
interdits et exotiques. Certains pays d'Afrique du
Nord, d'Amérique du Sud et d'Asie sont renommés
pour l'exploitation extensive de leur première richesse
naturelle: les enfants. Quand on a faim, on n'hésite

pas à offrir son corps et son sexe à l'étranger généreux. Plusieurs parents ferment les yeux sur ce commerce, quand ils n'en sont pas complices. Beaucoup de ces enfants ont tout simplement été abandonnés par leurs parents. Pour eux, la prostitution est moins immorale que la faim et l'indigence. Là comme ailleurs, l'Occident continue de piller ces nations; après avoir exploité leurs richesses naturelles et leur travail, il prend leur peau. Littéralement.

En somme, la prostitution des jeunes n'est pas née de génération spontanée: elle fait partie de la culture dominante, de sa logique, de ses contradictions. Car elle est intégrée au type de société, de valeurs et de relations dans lesquelles nous vivons. S'opposer à la prostitution des jeunes, c'est lutter contre un système séculaire. Combattre ce système, c'est s'attaquer au sexisme, à l'infériorisation consécutive des femmes et des enfants, au désengagement dans les relations sociales, à la consommation travestie en libération, à la mystification de la sexualité, à la socialisation aliénante des hommes, aux pouvoirs et ressources entre les mains d'une minorité qui en abuse. C'est surtout revendiquer une place pour les jeunes en dehors de la prostitution et une place pour la sexualité en dehors des modèles stéréotypés et oppressifs. Cette responsabilité de changement demeure la nôtre, individuellement et collectivement. Car si nous ne pouvons changer un passé lourd de conséquences, nous avons la faculté de transformer le présent et de préparer un avenir différent. À la condition d'y croire.

BIBLIOGRAPHIE SOMMAIRE

BARRY, Katleen, *L'Esclavage sexuel de la femme*, Stock, 1982.

BAUDRILLARD, Jean, *La Société de consommation*, Gallimard, 1970.

BERNOS, Marcel et autres, *Le Fruit défendu*, Le Centurion, 1985.

BULLOUGH, Vern et Bonnie, *Sin, Sickness and Sanity: a History of Sexual Attitudes*, Meridian Book, 1977.

DORAIS, Michel, *La Sexualité plurielle*, Prétexte, 1982.

DORAIS, Michel, *Les Lendemains de la révolution sexuelle*, Prétexte, 1986.

ELLIS, Havelock, *La Prostitution, ses causes, ses remèdes*, Cercle du livre Précieux / Tchou, 1965 (réédition).

ENGELS, Friedrich, *L'Origine de la famille, de la propriété privée et de l'État*, éd. du Progrès, 1979 (réédition).

FISHER, Helen, *La Stratégie du sexe*, Calman-Lévy, 1983.

FRENCH, Marilyn, *La Fascination du pouvoir*, Acropole, 1986.

GUYON, René, *La Persécution des actes sexuels: les courtisanes*, Dardaillon et Dagniaux, Saint-Denis (France), 1938.

LLOYD, Robin, *Les Garçons de la nuit*, Presses de la Cité, 1978.

REED, Evelyn, *Féminisme et anthropologie*, Denoël/Gonthier, 1979.

RUSH, Florence, *Le Secret le mieux gardé*, Denoël/Gonthier, 1983.

SANGER, William, *The History of Prostitution*, Harper & Brothers, 1897.

TANNAHILL, Reay, *Le Sexe dans l'histoire*, Robert Laffont, 1982.

VAN USSEL, Jos, *Histoire de la répression sexuelle*, Le Jour/Robert Laffont, 1972.

Des pistes d'intervention

L'existence de la prostitution des jeunes est maintenant reconnue. Il n'y a pas si longtemps, la situation se présentait tout autrement. Deux attitudes prévalaient: la négation (on ne voulait pas être dérangé par cette question) et la répression (on rejetait le blâme sur les jeunes, considérés délinquants, exonérant du même coup leurs respectables clients). Le message transmis aux jeunes était clair: on ne veut rien savoir de votre prostitution, et si vous vous y faites prendre, vous l'aurez bien mérité.

Au début des années quatre-vingt, des intervenants communautaires, dits travailleurs de rue, mettent sur pied à Montréal des projets d'intervention dans le milieu même de la prostitution juvénile. Peu après, un lieu de rencontre est créé, qui sert à rassembler jeunes, bénévoles et intervenants autour d'actions communes. Leur perspective d'intervention? Aider les jeunes à s'en sortir, mais ceci à leur rythme, en évitant le recours à la sempiternelle thérapie et au placement en centre d'accueil pour mésadaptés. L'accent est plutôt mis sur l'entraide et sur le développement de l'autonomie et du potentiel de chacun ou chacune. Bref, il s'agit d'aider à court terme les garçons et les filles aux prises avec la prostitution et, simultanément, d'entreprendre de leur redonner une place et une reconnaissance dans la communauté.

Comme il arrive souvent, le succès de ces initiatives incita des institutions en place — centres de services sociaux et centres d'accueil notamment — à emboîter le pas. Réalisant que traiter de la prostitution comme psychopathologie ou comme délinquance s'avérait souvent un échec, on consent à tenter autre chose. Il faut dire que, depuis une décennie, les impacts conjugués des mouvements féministe et gai, de la culture alternative, et des remises en question du dogmatisme psychiatrique avaient préparé la voie. Une vision renouvelée du problème de la prostitution se développe graduellement et, à partir de là, une nouvelle façon de voir et d'aider les jeunes qui se prostituent. Bien qu'on ne puisse encore parler de consensus, la nécessité d'intervenir de façon constructive auprès de ces jeunes reçoit une adhésion croissante. Exit la moralisation, la punition et l'enfermement. Voyons quelles sont les caractéristiques de cette intervention alternative.

Prémisses et philosophie d'intervention

L'analyse dite structurelle, qui a déjà été esquissée dans les chapitres précédents, pose trois prémisses de base pour l'intervention:

I. La prostitution des jeunes doit être considérée comme un phénomène social.

II. La prostitution des jeunes comme problème individuel apparaît dès lors comme le déplacement, la conséquence ou plus précisément encore comme le symptôme d'un problème social beaucoup plus vaste.

III. Conséquemment, bien que nous soyons dans un premier temps confrontés aux symptômes individuels du phénomène de la prostitution (problèmes des jeunes ou même de leurs clients), il importe d'agir aussi sur ses causes structurelles (c'est-à-dire culturelles, institutionnelles, économiques , etc.).

Ces prémisses devraient nous amener à développer plusieurs types d'interventions: individuelle, familiale, institutionnelle et communautaire. Nous éviterons alors de confondre le phénomène de la prostitution avec la personne qui le vit et, comme ce fut trop longtemps le cas, de limiter l'intervention à ce seul niveau. Certes, ces jeunes ont souvent besoin d'être aidés, mais la prostitution n'est pas LEUR problème; c'est plutôt leur solution, si imparfaite soit-elle, aux problèmes de leur existence. Même en aidant l'individu, nous ne devons pas perdre de vue la dimension sociale de ses problèmes, ce qui donnera un tout autre profil à l'intervention.

Établissons maintenant la philosophie d'intervention qui sera ici développée:

1. Il est important de concevoir les jeunes qui s'adonnent à la prostitution comme des jeunes ayant des

besoins à satisfaire plutôt que, tel qu'on l'a fait dans le passé, comme des délinquants, des pervers ou des personnes atteintes de psychopathologie. En effet, on découvre rapidement à leur contact que leurs activités dans le métier visent à satisfaire certains besoins auxquels ils n'ont pas trouvé d'autres réponses (ou tout au moins pas de réponses aussi satisfaisantes pour eux). La prostitution est donc un comportement et non un état. Plus encore, c'est un comportement stratégique, c'est-à-dire un comportement essentiellement orienté vers des résultats concrets. Par exemple, il peut s'agir par ce moyen de gagner de l'argent, de survivre lors de fugues, d'adhérer à un milieu d'appartenance, de recevoir l'attention d'adultes, etc. Généralement, plusieurs motivations se dessinent derrière les activités de prostitution d'un même jeune. À la limite, il existe autant de motifs, ou d'ensemble de motifs, invoqués pour expliquer leur prostitution qu'il existe de jeunes qui s'adonnent à cette activité.

2. Entre les résultats recherchés par les jeunes qui se prostituent et les résultats réellement atteints, il y a un écart plus ou moins grand. C'est précisément la conscience de cet écart et de ce déficit qui motivera éventuellement la personne à vouloir abandonner cette activité et ce milieu. L'expérience tend à démontrer que seule l'insatisfaction, la frustration ou la déception ressentie par le garçon ou la fille face à sa prostitution pourra déclencher et entretenir sa motivation à s'en sortir. Un jeune satisfait par la prostitution — fût-ce momentanément — est un jeune qui ne souhaitera

aucune intervention extérieure pour l'aider. Cette intervention sera alors vouée à l'échec.

3. À partir du moment où nous sommes disposés à voir dans la prostitution une stratégie ou un élément de stratégie que le jeune met en œuvre pour atteindre certains résultats (tels que le gain matériel, l'attention d'autrui, la fuite, etc.), nous concevrons l'intervention comme une recherche active de stratégies de rechange. Autrement dit, il s'agit de trouver des moyens pour répondre autant sinon davantage aux mêmes besoins, tout en diminuant les frustrations vécues (par exemple, être à la merci d'un réseau, d'un souteneur, des clients, de la drogue, etc.) et en dévictimisant les jeunes concernés (par exemple, en participant à des poursuites judiciaires contre leurs abuseurs[1]).

-----

1. On notera à ce sujet que le peu de crédibilité que les cours de justice accordent généralement aux témoignages des mineurs doit alors être pris en considération. Toute poursuite devant les tribunaux pour faire reconnaître un adulte coupable d'abus sur des jeunes devrait essentiellement viser à dévictimiser les jeunes (en leur redonnant du pouvoir sur leur vie) et à responsabiliser les adultes (en leur restituant la responsabilité des gestes posés). Malheureusement, la marche des tribunaux ne favorise pas toujours, au contraire, une telle perspective. Trop souvent, ce sont les jeunes qui, lorsqu'ils témoignent contre leurs abuseurs, sont transformés en coupables par les avocats de la défense ou par les juges. Les abus sexuels ne sont toujours pas pris au sérieux dans notre société; et les cours de justice, surtout lorsqu'elles sont présidées par des hommes, reflètent cette situation dramatique.

4. Les activités de prostitution chez les jeunes ne peuvent être arrêtées de façon durable par la force, par la crainte ou par la dissuasion. Ils le seront plutôt par l'élaboration de solutions de rechange positives aux problèmes et aux besoins initialement résolus par la prostitution.

Aider les jeunes

Comment comprendre la dynamique du problème de ces jeunes? Comment être à l'affût de leurs besoins et de leurs frustrations? Comment susciter ou encourager leur motivation à rechercher des alternatives à la prostitution? Comment développer de telles alternatives? Sans vouloir proposer de recettes magiques, quelques principes d'intervention se sont avérés fructueux à l'usage. On remarquera par ailleurs qu'ils peuvent s'appliquer à plusieurs autres problématiques vécues par les jeunes... et par les moins jeunes.

a) Être capable et désireux de créer une relation de confiance et d'authenticité avec ces jeunes. Pour peu que l'on soit convaincu qu'il ne s'agit pas de les «thérapeutiser», de les moraliser, de les enfermer ou de les blâmer, ce qui importe c'est de les *comprendre*, de leur vouer un intérêt réel et une attention chaleureuse. Mise en garde: ces jeunes sont exercés à évaluer en quelques instants à qui ils ont affaire. Vous ne les roulerez pas.

b) C'est pourquoi il faut accepter d'*apprendre* de ces jeunes, de leur expérience, de leur différence. Les juger

marginaux, déviants, immatures, c'est se couper de la
relation dialogique (c'est-à-dire basée sur le dialogue)
nécessaire à toute relation d'aide efficace. Plus leur
expérience de vie, leurs caractéristiques, leurs valeurs
et leurs opinions personnelles sont différentes des
nôtres, plus nous profiterons de ce qu'ils peuvent nous
apprendre. Aussi, je ne soulignerai jamais assez combien nous devons être disponibles à l'égard de ces jeunes, ouverts à leur expression, attentifs à leurs besoins
et à leurs émotions, et respectueux de leur différence.
Comprendre la vision que chaque jeune a de sa prostitution demeure indispensable à toute velléité d'aide.

c) Savoir *faire contrepoids aux jugements déprécia-
teurs* et aux stéréotypes préjudiciables accolés à ces
jeunes (par exemple, la croyance traditionnelle selon
laquelle ils sont vicieux, anormaux ou amoraux). Car
ils ont besoin de sentir que nous les percevons dignes
d'attention et de respect, quels que soient les problèmes ou difficultés qu'ils expérimentent. Souvent, une
de nos premières interventions en ce sens consiste à
relever l'image de soi négative ou dépréciée qu'ont
développée ces jeunes. Non, ils ne sont pas des ratés, et
il faudra bien que quelqu'un le leur fasse un jour
découvrir.

d) Dès les premiers contacts, il importe de partager
avec les jeunes notre analyse du phénomène de la prostitution et de *situer* comment nous concevons *notre
rôle d'aidant*. Ils sont libres de partager ou pas notre
analyse mais, si nous devons cheminer ensemble, aussi
bien qu'ils sachent à quelle enseigne nous logeons.

Aussi, un échange sur nos perceptions de la prostitution, qu'elles soit divergentes ou convergentes, doit
être encouragé. Il en va de même pour le contrat d'aide
que nous passons avec eux: c'est la prostitution que
nous voulons combattre, pas les jeunes qui en font.
Ces jeunes ont assez été dupés dans le passé, que ce soit
par le milieu de la prostitution ou par les institutions,
pour que nous n'ajoutions pas une duperie de plus!

e) Identifier les avantages et les désavantages que le
garçon ou la fille a trouvés dans la prostitution. En
d'autres termes, nous devons ensemble nous poser la
question: quels sont les besoins qui trouvent une
réponse dans la prostitution et quels sont les besoins
qui demeurent frustrés? Cette identification représente
un point de départ crucial pour l'intervention. Il m'arrive parfois de faire avec le jeune un bilan écrit des
choses positives et des choses négatives qu'il a vécues
dans la prostitution. Une simple feuille blanche sépa-
rée en son milieu où nous alignons d'un côté les avantages et de l'autre les désavantages de cette activité
peut servir d'outil de réflexion. Ce bilan permet d'en-
visager ensuite avec les jeunes des alternatives qui permettent de satisfaire les mêmes besoins et, surtout, de
chercher réponse à ceux que ne satisfait pas la prostitution.

f) Une fois identifiés les besoins à satisfaire et les frustrations à éliminer, notre *recherche d'alternatives* doit
faire preuve d'imagination, d'innovation et d'ouver-
ture d'esprit. Il s'agit souvent pour ces jeunes de rem-

placer leur système relationnel lié à la prostitution (amis, milieu d'appartenance, etc.) et de substituer d'autres opportunités de socialisation et de valorisation à celles offertes par cette activité. Pour ce faire, le travail à accomplir ne manque pas. Car si les structures et les ressources sociales sont déjà peu adaptées et peu accueillantes pour les jeunes en général, on imagine aisément le sort qu'elles réservent aux jeunes prostitués des deux sexes...

En matière d'alternatives, presque tout reste à faire, à commencer par les ressources de dépannage et d'hébergement. Les familles d'accueil traditionelles ne correspondent que rarement à ce que recherchent ces jeunes; des foyers de groupe spécialisés ou des refuges pour fugueurs et fugueuses seraient plus indiqués. Or ce type de ressources est pour ainsi dire inexistant au Québec. Souvent les jeunes en fugue n'ont d'autre choix que la prostitution pour survivre. Il faudrait aussi des programmes et des régimes scolaires pertinents pour ceux et celles qui ont abandonné l'école ou qui manifestent un retard marqué. Il s'agit là d'un besoin criant et les places disponibles sont encore peu nombreuses dans les ressources pour *drop-out*. Quant à la préparation et l'intégration au travail pour les plus âgés, les programmes adéquats sont largement insuffisants compte tenu de l'ampleur des besoins. Nous sommes loin d'être concurrentiels avec le marché de la prostitution... Enfin, il y a nécessité d'un support aux parents ou à leurs substituts pour initier une meilleure compréhension de leur enfant (accepter le jeune qui se prostitue ne signifie pas accepter sa prostitution), de ses différences (notamment dans le cas des garçons bis-sexuels ou homosexuels) et de son nécessaire apprentis-sage à l'autonomie. Voilà autant de tâches à effectuer, de contacts à créer ou à rétablir.

g) S'assurer que les jeunes reçoivent, au besoin, des *services d'assistance médicale et juridique adéquats*. Les soins requis à cause d'un état de santé déficient ou pour des maladies transmises sexuellement non encore traitées doivent être dispensés par des personnes sensi-bilisées au phénomène de la prostitution des jeunes et accueillantes à leur égard. Les ressources existantes les plus ouvertes doivent donc être mises à contribution (y compris pour en sensibiliser d'autres!). Il en va de même pour les consultations juridiques: nombre de ces jeunes ont vu leurs droits lésés; quelques-uns ont aussi lésés ceux d'autrui. Tous ont droit à des conseils éclai-rés afin qu'ils ne se retrouvent pas une fois encore dans le rôle de perdants.

h) Dans le cas des adolescents et adolescentes qui ont déjà derrière eux un lourd passé de prostitution, il est généralement nécessaire de *briser leur dépendance à l'alcool ou la drogue*. Parfois une désintoxication s'impose. Sa nécessité n'est pas facile à reconnaître pour le jeune qui, souvent, nie ou minimise sa consom-mation de drogues. Le meilleur moyen d'obtenir une évaluation réaliste de la situation est de demander non pas si la personne surconsomme de la drogue ou de l'alcool mais pour COMBIEN elle en consomme par jour ou par semaine. Le même jeune qui, un moment plus tôt, vous assurait ne pas avoir de problème à ce niveau vous parlera alors des centaines de dollars dépensés hebdomadairement... Mais attention: là encore, pas question de brusquer les choses. Une désintoxication psychologique requiert motivation et détermination. Nous pouvons les susciter et les entretenir. Pas les forcer. Malheureusement, ce n'est parfois qu'une grande déchéance physique ou psychologique qui amènera la personne à prendre conscience de son autodestruction par l'alcool ou la drogue.

i) Dans le cours de l'intervention auprès des jeunes, il est primordial de leur *faire vivre dès que possible des succès* hors de la prostitution. Je me souviens, en particulier, d'un jeune dont l'absence de motivation posait problème. Je lui demandai: «Mais enfin, tu dois bien avoir un projet ou un rêve que tu souhaites réaliser?» Après un long silence, il me répondit qu'un rêve d'enfant le poursuivait encore: vivre sur une ferme où on élève des chevaux. Après plusieurs démarches, le jeune passait, deux semaines plus tard, quelques jours dans un élevage de chevaux. À son retour, le problème de sa motivation à s'en sortir était réglé; il avait repris goût à la vie.

Le cercle de dépression et de dépendance, que j'ai décrit au chapitre portant sur les conséquences de la prostitution, doit absolument être défait. Temps, patience et imagination doivent y être consacrés: il faut parfois autant de temps pour se sortir de la prostitution qu'il en a fallu pour s'y enfoncer. D'où l'importance du point suivant.

j) La dimension *accompagnement et entraide* mérite fortement qu'on s'y arrête. Comme il n'est décidément pas facile de (re)bâtir des liens de compréhension, de support et d'affection, l'utilisation de personnes-ressources et la mise sur pied de groupes d'entraide peuvent s'avérer fort utiles. Des expériences significatives ont eu lieu en ce sens depuis quelques années dans les organismes communautaires. Elles ont ouvert des perspectives qui ont, en outre, incité les services sociaux traditionnels à innover dans le même sens. Rarement un jeune se sort seul de la prostitution: intervenants, parents, famille et amis, bénévoles, tous ont un rôle à jouer.

Bref, l'intervention consiste essentiellement à aménager différemment les conditions de vie des jeunes. Avant de songer à des thérapies de tout acabit ou à des «arrêts d'agir» (centre d'accueil sécuritaire, par exemple), avons-nous seulement pensé à un milieu de vie stable pour ces jeunes, à un environnement adulte non exploitant et sécurisant? Avons-nous songé à leur procurer un havre de paix, ce qu'ils n'ont souvent jamais connu? Avons-nous recherché avec eux des projets possibles et des défis stimulants? Que veulent-ils faire de leur vie? Quels sont leurs rêves? Comment commencer à les réaliser? Comment peuvent-ils gagner du pouvoir sur leur propre vie? Nous rejoindrons ces jeunes à partir de leur quotidien et de leurs idéaux. C'est dans la vie de tous les jours que le changement s'installera petit à petit, et non pas dans les salles d'entrevues des services sociaux ou autres institutions.

L'intervention individuelle peut conscientiser et mobi-
liser au changement, mais elle ne s'y substitue pas.
Comme elle prend racine dans la communauté, c'est
dans la communauté que la prostitution se dénoue.

...Sans oublier les clients

L'intervention doit idéalement porter sur toutes
les dimensions du phénomène de la prostitution. Or,
sans la demande des clients, il n'y aurait pas de jeunes
prostitués. Pourtant les clients ont traditionnellement
été laissés dans l'ombre. Même le système policier et
judiciaire ne s'en préoccupe que depuis peu. La
magnanimité des tribunaux pour eux est d'ailleurs infi-
nie. Et même lorsque tel n'est pas le cas, il est permis
de douter que l'amende ou la prison changent signifi-
cativement les désirs des clients. Pour les intervenants
sociaux et communautaires, laisser les clients de côté,
c'est vouer l'action entreprise auprès des jeunes à un
échec relatif. À mesure que nous retirons des garçons
et des filles du circuit, les clients n'auront-ils qu'à s'en
trouver d'autres? Et les tenanciers de réseaux ou souteneurs qu'à en recruter de nouveaux?

Semblablement au travail effectué auprès des jeunes, n'y aurait-il pas lieu d'approfondir nos connais-
sances sur les motivations présentes chez les clients et
de développer des services psycho-sociaux pertinents?
Conformément à leur conditionnement masculin privi-
légiant le pouvoir, la domination et la performance

jusque dans la sexualité, comment pourront-ils arriver à vivre autrement leur sexualité? Comment se débarrasser des mythes et des fantasmes véhiculés par une révolution sexuelle factice? Comment les rendre responsables des préjudices qu'ils font subir aux jeunes qu'ils paient? Bien que dans beaucoup de cas elle soit nécessaire, on peut douter que la répression soit le meilleur moyen de secouer leur conscience et de les amener à des remises en question profondes de leur vie affective et sexuelle. Je ne nie pas que plusieurs d'entre eux aient des problèmes affectifs, conjugaux ou relationnels, mais je crois que le recours à la prostitution est un exutoire qui ne règle aucunement ces problèmes. Au contraire, ces derniers sont répercutés sur les jeunes qui en subissent le défoulement.

La question des réseaux et des souteneurs demeure l'aspect le moins connu, mais elle constitue souvent la clé de voûte du système. Si une action à leur niveau dépasse vraisemblablement le cadre de l'aide individuelle ou de l'intervention psycho-sociale, il n'en demeure pas moins qu'un travail accru de collaboration entre tous les intervenants concernés (citoyens, parents, intervenants sociaux et policiers) puisse s'avérer fructueux afin de coincer les grands profiteurs de la prostitution des jeunes. Mais attention: pas question de se servir des jeunes prostitués comme otages. Ils sont déjà assez victimes du système sans leur faire porter l'angoisse et les conséquences de témoignages publics contre leurs abuseurs. Il existe bien d'autres moyens pour amasser des preuves contre leurs exploiteurs... En somme, sans jouer à James Bond, nous n'avons pas à être les complices indirects des abuseurs-exploiteurs que nous choisissons de ne pas signaler. Loin de moi l'idée d'une société de la dénonciation: mais jusqu'où pouvons-nous endurer que des enfants et des adolescents paient pour notre indifférence individuelle et collective?

«Recollectiver» le problème et ses solutions

Si l'intervention auprès des jeunes et de leur environnement, et même auprès des clients, est nécessaire, elle ne saurait faire oublier l'action à exercer sur les causes structurelles de la prostitution. Les symptômes du phénomène ne doivent pas nous empêcher d'en percevoir et d'en traiter les causes. La prostitution des jeunes, avant même de devenir un problème individuel, a des origines sociales. Prétendre avoir un réel impact sur cette réalité sans diriger une partie significative de nos efforts sur le social, c'est s'illusionner. Comme l'a démontré la partie historique de cet ouvrage, ce sont des facteurs culturels, religieux, sexuels, économiques, sociaux et même politiques qui ont modelé la prostitution. Il s'agit conséquemment d'exercer une action sur lesdits facteurs. Car la prostitution, ne l'oublions pas, n'est que le reflet des rapports sociaux et des valeurs de la société qui la suscite.

Dès que l'on prétendra combattre la prostitution des jeunes, il faudra combattre les abus dont ils sont victimes dès l'enfance, leurs conditions précaires d'existence, la domination qu'exercent sur eux les adultes, les stéréotypes socio-sexuels qu'on leur impose, leur quasi absence de droits, l'inadéquation pour un nombre croissant de jeunes du système scolaire, le chômage auquel les plus âgés d'entre eux sont forcés, la pauvreté dans laquelle eux et leur famille sont maintenus (l'argent constitue généralement le motif premier de prostitution), etc. Nous devrons aussi aborder toute la question de la condition masculine: ce sont majoritairement des hommes adultes qui constituent la clientèle de ces jeunes. Quels autres modèles que ceux du pouvoir, de la performance et de la consommation peuvent être développés par les hommes? Quels types de rapports alternatifs peuvent-ils établir avec les femmes et avec les plus jeunes?

Questionner, sensibiliser, éduquer les gens, voilà qui constitue un pas dans la bonne direction. Mais il n'est pas suffisant. Initier nous-même des alternatives sociales, c'est-à-dire d'autres façons de vivre avec soi et les autres, tel est le défi central. Car si la prostitution est un miroir de nos rapports sociaux, le changement passe par l'évolution de ces rapports.

En ce sens, une participation active des fabriques de culture, d'idéologies et de modèles que sont les médias, l'école, le monde du travail et les services sociaux, se révèle essentielle. Pourtant, les problèmes des jeunes sont souvent peu prioritaires. Les moins de dix-huit ans ne votent pas et leurs voix ne sont pas, quoi qu'on en dise, les plus tonitruantes... La responsabilité des problèmes des jeunes leur est commodément attribuée et la collectivité adulte s'en lave volontiers les mains. En ces temps de restrictions budgétaires et de flirt avec la droite, le statut quo semble de mise partout. Les services sociaux semblent parfois avoir perdu de vue leur mandat d'exercer une action sur l'évolution de la société, c'est-à-dire de «travailler le social». Trop souvent, les institutions croient circonscrire des problèmes de société par des thérapies individuelles ou familiales. En vain. Quant à l'école, elle a oublié que son rôle dans une société en mutation continue est d'apprendre aux jeunes à apprendre. Beaucoup de jeunes fuient une école qui est à cent lieues de leurs préoccupations et de leurs besoins humains, une école qui a rarement su stimuler leur créativité, leur sens critique et leur autonomie. Les enfants ne sont pas des petites cruches destinées à être remplies par les grosses cruches que sont les adultes. La connaissance n'est pas l'éducation, car cette dernière exige une communication, un engagement, une permanence même dont s'accomodent peu nos écoles polyvalentes. Qu'on le veuille ou non, les nouvelles écoles de la vie ce sont sans doute les médias. Mais que proposent-ils, majoritairement, sinon les vieux schémas sexistes, dominateurs et violents des relations entre hommes et femmes et entre adultes et enfants? Et que dire de l'évolution du marché de travail, sinon constater la courte vue et le manque chronique d'imagination des entreprises, des syndicats et des gouvernants. Tout ce monde a, semble-t-il, pris pour acquis qu'une forte proportion de jeunes allaient se retrouver au chômage durant les années à venir. Sans se rendre compte des coûts sociaux qui en découlent: dépression, fuite dans l'alcool ou la drogue, prostitution, délinquance, et même suicide. Ces coûts risquent de s'avérer supérieurs à ceux que commanderaient une réorganisation du travail et une politique de plein emploi. Une société qui ne trouve pas les moyens d'offrir des projets pour le présent et l'avenir à ses jeunes est une société qui n'a plus d'avenir. Quel choix faisons-nous comme collectivité?

La prostitution des jeunes dérive de problèmes politiques ayant trait à l'organisation de la société, notamment à la distribution du pouvoir et de la richesse. Les solutions qu'elle appelle passent donc, entre autres, par les voies du politique. Or le quotidien est politique. Comme citoyens, jeunes, parents, intervenants de toutes sortes, il nous appartient d'initier des changements en termes d'analyse et d'action qui, plutôt que de produire des individus adaptés à une société moribonde, mèneront à une société différente. Paradoxe ou juste retour des choses: notre seule façon d'aider les supposés délinquants de la prostitution sera de devenir délinquants à notre tour en transformant à notre mesure l'ordre des choses.

Conclusion

Les enfants de la prostitution sont les rejetons d'une société où la satisfaction personnelle piétine la responsabilité, le désir étouffe l'amour et le sexe assassine la tendresse. Héritiers de violences et d'abus séculaires, ces jeunes ont appris à survivre en vendant tout ce qui leur reste: leur corps. Dans une société où l'individualisme devient la règle, nous les laissons volontiers à leur sort. Qui se soucie des enfants de la rue? Les clients et les souteneurs sont parfois les seuls adultes à reconnaître seulement leur existence...

Le mythe selon lequel la prostitution serait le plus vieux métier du monde fait l'affaire de tout le monde. Il justifie l'indifférence, l'inaction, voire la complicité des uns et des autres, même lorsque des enfants ou des adolescents y sont impliqués. Un métier comme un autre la prostitution ? Que ceux et celles qui professent cette opinion aillent eux-mêmes le pratiquer quelque temps... Nous en reparlerons avec eux après cette expérience. Pas avant.

D'autres bien-pensants vous diront que les jeunes ont droit d'avoir une vie sexuelle et qu'après tout la prostitution fait partie des possibilités — payantes en plus! — qui s'offrent à eux. D'accord pour le droit des jeunes à la sexualité, mais à LEUR sexualité, selon leur rythme et leurs désirs. Pas évident, loin de là, que les activités sexuelles imposées aux jeunes par et pour des adultes soient les plus épanouissantes. Quant à ceux qui prétendent que ce sont les enfants qui harcèlent les adultes pour baiser, je leur laisse leurs illusions. Des adultes violés par des jeunes, ça ne court pas encore les rues. L'inverse est incommensurablement plus courant.

Par delà ses victimes les plus visibles, la prostitution des jeunes demeure un problème d'adultes. Et je ne parle pas uniquement des abuseurs, des clients ou des souteneurs; je pense aussi à nous tous, qui sommes souvent incapables de comprendre et d'aider ces jeunes. Nous les reléguons à la marginalité et nous les abandonnons à leur sort parce qu'ils nous dérangent. Ils nous rappellent en effet que la sexualité des adultes n'est parfois pas très reluisante et que, libération sexuelle ou pas, le sexe est souvent demeuré prisonnier du pouvoir et de la domination.

La prostitution des jeunes nous oblige à nous poser des questions qui débordent le cadre de cette activité. Quelle est la place des jeunes dans notre société? Ont-ils suffisamment de droits et de recours réels pour se protéger contre les abus potentiels des adultes? Pourquoi tant de jeunes sont-ils à la merci de l'abus sexuel et de la prostitution? Où en est la sexualité contemporaine, en particulier celle des hommes, qui constituent les principaux demandeurs de la prostitution juvénile? L'héritage que nous laissons aux enfants de la prostitution est explosif. Ces jeunes

meurtris sont les adultes de demain. Leur avenir hypo-
théqué, ils le partageront avec nous. Car — l'avions-
nous oublié? — les enfants de la prostitution sont aussi
les nôtres.

Table des matières

CET OUVRAGE
COMPOSÉ EN TIMES RÉGULIER CORPS 10 SUR 12
A ÉTÉ ACHEVÉ D'IMPRIMER
LE QUATORZE SEPTEMBRE
MIL NEUF CENT QUATRE-VINGT-SEPT
PAR LES TRAVAILLEURS ET TRAVAILLEUSES
DES PRESSES DES ATELIERS GRAPHIQUES
MARC VEILLEUX
À CAP-SAINT-IGNACE
POUR LE COMPTE DE
VLB ÉDITEUR.

IMPRIMÉ AU QUÉBEC (CANADA)